ULRIKE HORNBERG / PIERRE REBOUL

FEINSTE WEIHNACHTSBÄCKEREI

ULRIKE HORNBERG
PIERRE REBOUL

FEINSTE WEIHNACHTS BÄCKEREI

KLASSISCHE UND NEUE REZEPTE

Mit Zeichnungen von Federico Berzeviczy-Pallavicini

7 VORWORT

10 DIE GRUNDAUSSTATTUNG

16 VON GEWÜRZEN UND ANDEREN INGREDIENZEN

34 KLEINE BACKSCHULE

48 WEIHNACHTLICHE BROTE

68 AUS LEBZELTERS KÜCHE

92 ALLERLEI AUS ZUCKER UND EI

116 ACHTZIGMAL MÜRBTEIG

182 VARIATIONEN AUS EISCHNEE

208 KÖSTLICHES AUS MARZIPAN

228 KONFEKT FÜR LECKERMÄULER

250 REZEPTREGISTER

254 ÖSTERREICHISCHES KÜCHENDEUTSCH

255 ZU DEN AUTOREN & LITERATUR

*KLASSIKER DER
WEIHNACHTSBÄCKEREI...*

*...UND NEUE FRANZÖSISCHE
VERSUCHUNGEN!*

Köstliche Rezepte, gesammelt und erprobt über viele Generationen, sind seit Jahrzehnten eine Garantie für ein gelungenes Weihnachtsfest mit den Liebsten. Das wissen wir heute, wo die Bedeutung von authentischen Lebensmitteln und selbstgemachten Köstlichkeiten immer größer wird, noch besser als vor 28 Jahren. Deshalb war es für uns eine große Freude, gemeinsam Ulrike Hornbergs 1985 erstmals erschienenen „Feinste Weihnachtsbäckereien" in einer erweiterten und liebevoll gestalteten Neuauflage herauszubringen.

Dieses Buch ist ein Schatz, der gehoben werden will! Über 200 Rezepte warten darauf, von Ihnen entdeckt zu werden. Ob Sie auf der Suche nach Neuem sind oder bewährte Rezepte für traditionelles Gebäck suchen, die wirklich funktionieren: Hier werden Sie fündig. Neben österreichischen Klassikern für die schönste Zeit des Jahres wie Ischler Törtchen, Kokosbusserln, Mohnkringeln, Witwenküssen oder Vanillekipferln finden Sie zahlreiche regionale Spezialitäten wie Basler Leckerli, Springerle, Lübecker Leckerbissen, Kathrinchen oder Meraner Stangen. Und das Beste daran: Viele der kleinen Köstlichkeiten lassen sich mit wenigen Zutaten ganz einfach herstellen.

Zusätzlich haben wir die Rezeptsammlung der ersten Auflage um süße Versuchungen aus Pierre Rebouls Heimatland Frankreich bereichert: beispielsweise weihnachtliche Macarons, fruchtig-schokoladige Moelleux – was so viel wie weiche, flaumige Küchlein bedeutet – und „Diamanten", die sich bestens auch für die schmale Geldbörse eignen, bestehen sie doch aus buttrig feinem Mürbteig.

Wir wünschen Ihnen viel Freude beim Ausprobieren der Rezepte!

Ulrike Hornberg und Pierre Reboul

DIE GRUNDAUSSTATTUNG

ein Meisterwerk ohne das entsprechende Handwerkszeug. Das gilt auch für die Weihnachtsbäckerei. Sie benötigen nur wenige Geräte, die von guter Qualität sein sollten. Viele davon sind in jedem Haushalt zu finden – hier der Vollständigkeit halber ein Überblick.

Das A und O für eine gelungene Bäckerei ist die **KÜCHENWAAGE**. Sie sollte leicht zu bedienen sein und das Gewicht möglichst präzise anzeigen.

Ein **MESSBECHER**, um Flüssigkeiten abzumessen, sollte so eingeteilt sein, dass sich auch kleine Mengen Flüssigkeiten gut abmessen lassen.

Eine **MANDELMÜHLE** dient zum Reiben von Mandeln, Nüssen, Schokolade … Viele Mühlen haben verschiedene Einsätze, sodass alles im gewünschten Feinheitsgrad gerieben werden kann.

Ein oder zwei **SCHNEIDBRETTER** braucht man zum Zerkleinern verschiedener Backzutaten und zum Zurechtschneiden von Verzierungen. Verwenden

Sie Schneidbretter aus Materialien, die keinen Geschmack und Geruch übertragen – Plätzchen, die nach Zwiebeln schmecken, sind kein Vergnügen! Idealerweise sollten die Schneidbretter ausschließlich für Weihnachtsbäckerei verwendet werden.

Die immer wieder benötigte **RÜHRSCHÜSSEL** kann aus Keramik, Kunststoff, Glas oder Edelstahl sein. Ich empfehle zum rationellen Arbeiten zwei oder drei Rührschüsseln, am besten in verschiedenen Größen.

Ein **RÜHRKESSEL,** also eine Rührschüssel aus rostfreiem Edelstahl, wird benötigt, wenn man eine Masse über Dampf rühren bzw. schlagen soll.

HANDRÜHRGERÄTE oder **RÜHRMASCHINEN** sind in verschiedenster Qualität und Ausführung im Handel. Wofür Sie sich entscheiden, wird vor allem von der Größe Ihres Haushalts abhängen. Kaufen Sie hochwertige, stabile und bedienungsfreundliche Geräte, es lohnt sich.

Ebenfalls lohnend ist die Anschaffung von zwei oder drei **KOCHLÖFFELN** extra für Weihnachtsbäckerei: So können Sie sicher sein, dass ihnen kein Geruch von Knoblauch usw. anhaftet.

Ein **TEIGSCHABER** ist zum Ausputzen der Rührschüssel unerlässlich. Das Blatt sollte geschmeidig sein, dann geht die Arbeit damit leicht von der Hand.

Ein **BACKBRETT** gehört zu den wichtigsten Utensilien der Weihnachtsbäckerin. Am praktischsten finde ich ein Holzbrett mit Leisten an der Längsseite, damit das Brett bei der Arbeit nicht wegrutschen kann. Auf jeden Fall sollte man darauf achten, dass das Brett genügend groß ist. Nichts ist lästiger, als wenn der Teig bei der Zubereitung an den Seiten hinunterbröselt oder wenn sich die Teigplatte nicht groß genug auswalken lässt.

Den dazu benötigten **NUDELWALKER** gibt es in verschiedenster Ausführung. Marmorwalker z. B. bleiben kühl und sind schwer, aber gut geeignet für Mürbteige, Silikonoberflächen sind pflegeleicht. Welcher Walker verwendet wird, ist Geschmackssache und sollte auch mit Blick auf Ihre persönlichen Vorlieben beim Backen entschieden werden.

AUSSTECHFORMEN sind ein unverzichtbares Accessoire für Weihnachtsbäckerei. Sie sind in verschiedenen Formen und Ausführungen im Handel. Am einfachsten sind runde Ausstecher, die es in verschiedenen Größen gibt. Andere klassische Formen sind Sterne, Kerzen, Kleeblätter, Glocken, Tannenbäumchen …
Viele Kindern mögen vor allem Tierformen. Achten Sie aber darauf, dass bei solchen Formen „Beinchen", „Ohren" oder „Schwänzchen" nicht zu dünn sind, sie brechen sonst zu leicht ab.
Ausstecher gibt es aus Weißblech, Edelstahl, Kunststoff oder Silikon. Mir persönlich sind Ausstecher aus Weißblech am liebsten, sie haben scharfe Kanten, das Ausstechen geht genau und schnell.

ROLLENAUSSTECHER sind für alle jene praktisch, die es immer eilig haben; gute Fabrikate haben außerdem den Vorteil, dass der „Abfall" relativ gering bleibt. Der Nachteil: Man ist auf bestimmte Figuren in einem bestimmten Mengenverhältnis angewiesen.

MODEL braucht man für einige typische traditionsgebundene Bäckereien wie Springerle, Spekulatius, Bärentatzen. Sie werden nach alten Motiven hergestellt und sind im Haushaltswarenbedarf erhältlich.

Ein **TEIGRÄDCHEN** benötigt man – ebenso wie ein scharfes **MESSER** –, wenn Teigplatten geschnitten werden sollen.

Ein **BACKBLECH** gehört zur Standardausrüstung jedes Backrohrs. Ich rate, zwei oder drei Bleche zusätzlich anzuschaffen, sie sind nicht teuer und er-

sparen eine Menge Zeit, da sie ein viel rationelleres Arbeiten ermöglichen: Anstatt jedes Mal zu warten, bis ein Blech gebacken und wieder abgekühlt ist, können Sie alle Plätzchen hintereinander vorbereiten und zügig backen.

Zum Bestreichen der Teigstücke oder zum Glasieren des fertigen Gebäcks braucht man einen **BACKPINSEL**. Mehrere Pinsel in verschiedenen Größen garantieren, immer das genau passende Handwerkszeug griffbereit zu haben und helfen Engpässe zu vermeiden.

ALUFOLIE ist ein unentbehrlicher Helfer, sei es zum Zudecken des Teiges während des Ruhens, sei es zum Unterlegen beim Glasieren bzw. Trocknenlassen glasierter Bäckereien ...

BACKTRENNPAPIER ist ebenso unentbehrlich für das Backen der kleinen weihnachtlichen Köstlichkeiten.

BLECHDOSEN in verschiedenen Größen sind die praktischste Lösung für die Aufbewahrung der fertigen Plätzchen.

VON GEWÜRZEN UND ANDEREN INGREDIENZEN

Weihnachten – allein schon der Name ruft in uns die Erinnerung an köstliche Düfte von Zimt und Nelken, von Anis, Vanille und anderen Gewürzen wach.

Diese Gewürze sind es auch, die unserer Weihnachtsbäckerei das charakteristische Gepräge geben. Mein Rat: Kaufen Sie Gewürze immer nur in kleinen Mengen, und bewahren Sie sie in gut schließenden Gefäßen auf, damit sie nicht ihr Aroma verlieren oder Duft und Aroma des „Nachbarn" annehmen. Am besten geeignet sind fest verschraubbare, möglichst dunkle Gläser oder Döschen.

Doch nicht nur die Gewürze, auch Mandeln, Nüsse, Korinthen, Rosinen, Arancini …, kurz gesagt, alle „Verfeinerer" sind aus unserer Weihnachtsbäckerei nicht wegzudenken. Auch hier gilt: Alle diese Zutaten müssen frisch und von bester Qualität sein. Mandeln oder Nüsse werden recht schnell ranzig, Arancini trocknen aus; daher ist es sinnvoll, kleinere Mengen zu kaufen. Dieser Grundsatz gilt auch für die Grundzutaten wie Mehl, Fett …

Was Sie bei den einzelnen Zutaten beachten müssen, zeigt Ihnen die folgende Übersicht:

DIE GRUNDZUTATEN

MEHL ist die Grundsubstanz der meisten Bäckereien. Für die Rezepte dieses Buches wird – mit wenigen Ausnahmen – allerfeinstes glattes Weizenmehl der Type W 480 verwendet. Nur für einzelne Lebkuchenrezepte wird Roggenmehl gebraucht.
Wiegen Sie das Mehl sorgfältig ab und sieben Sie es vor der Verarbeitung, es wird dadurch lockerer.

STÄRKEMEHL kann das Mehl ganz oder teilweise ersetzen, das Gebäck wird dadurch etwas kompakter. Stärkemehl wird mit dem Mehl zusammen gesiebt.

BUTTER macht kleine Bäckereien mürb, größere Gebäckstücke saftig. Besonders bei Mürbteigplätzchen gehört auch der feine Eigengeschmack der Butter einfach dazu.
Butter wird bei gekneteten Mürbteigen immer kalt verwendet. Für alle anderen Teige sollte sie zimmerwarm sein, dann lässt sie sich besser verarbeiten. Haben Sie einmal vergessen, die Butter rechtzeitig aus dem Kühlschrank zu nehmen, bitte nicht erwärmen oder gar zerlassen (mit Ausnahme einiger weniger Rezepte, die explizit das Zerlassen verlangen). Geschmack und Backeigenschaft frischer Butter werden dadurch nicht unwesentlich verändert.

EIER müssen vor allem frisch sein, beachten Sie den Haltbarkeits-Aufdruck auf der Verpackung. Beim Backen der Rezepte dieses Buches sollten mittelgroße Eier (ca. 60 g) verwendet werden.

ZUCKER macht den Teig nicht nur süß, er dient auch zur Stabilisierung (vor allem bei Rührteigen). Bei den meisten Rezepten wird Staubzucker verwendet, sollte Zucker angegeben sein, so verwenden Sie am besten Feinkristallzucker. Zucker ist fast immer ein Bestandteil des Rezeptes und sollte daher nicht durch Süßstoff ersetzt werden. Der Ersatz durch Zuckeraustauschstoffe (Diabetikerzucker) ist dagegen problemlos möglich.

Brauner Zucker, manchmal auch Farinzucker genannt, ist ein nicht raffinierter Zucker, der nicht so süß, dafür aber würziger schmeckt.

Hagelzucker ist ein sehr grobkörniger Zucker, der ausschließlich zum Verzieren verwendet wird.

SALZ wird in kleinsten Mengen fast allen Teigen zugesetzt. Es darf niemals hervorstechen und dient nur dazu, den Eigengeschmack der anderen Gewürze zu heben.

DIE TRIEBMITTEL

GERM wird für die verschiedenen Weihnachtsbrote gebraucht. Germ ist eine lebende Substanz (Germpilze), die unter idealen Bedingungen – eine Temperatur von 20 bis 30 Grad, Flüssigkeit und Zucker – Kohlendioxyd bildet und dadurch den Teig lockert. Zu dieser Gärung ist allerdings nur einwandfreie Germ fähig; verwenden Sie daher nur frische Germ oder Trockengerm; frische Germ, die bereits angetrocknet ist, ist nicht geeignet!

BACKPULVER wird für manche Lebkuchen und einige Eierschaumbäckereien verwendet. Es ist ein Gemisch von mehreren Karbonaten, die während des Backprozesses Kohlendioxyd freisetzen. Backpulver entfaltet nur dann seine volle Wirkung, wenn es sorgfältig mit dem Mehl gemischt und mit diesem gesiebt wird.

HIRSCHHORNSALZ wird hauptsächlich bei der Lebkuchenherstellung verwendet. Es ist ein Ammoniumbikarbonat, das bei höherer Temperatur in Ammoniak und Kohlendioxyd zerfällt und dadurch den Teig in die Höhe treibt. Hirschhornsalz entfaltet seine Wirkung am besten, wenn es in etwas Flüssigkeit gelöst und so unter den Teig gemischt wird.

POTTASCHE wird ähnlich wie Hirschhornsalz in der Lebkuchenbäckerei verwendet. Es ist ein Kaliumkarbonat, das in der Hitze Kohlendioxyd abgibt. So wie Hirschhornsalz soll es in etwas Flüssigkeit verrührt werden.

NATRON ist ein Natriumbikarbonat, das wie Pottasche wirkt und manchmal statt dieser verwendet wird.

DIE VERFEINERER

MANDELN sind eine Bereicherung jedes Teiges. Verwenden Sie nur frische Mandeln mit einwandfreiem Geruch.
Mandeln werden geschält oder ungeschält verwendet. Ungeschälte Mandeln werden mit einem Tuch sauber abgewischt. Zum Schälen gibt man die Mandeln 1 bis 2 Minuten in kochendes Wasser; die Haut lässt sich dann ganz leicht abziehen. Sollen sie anschließend gerieben werden, muss man sie vorher sorgfältig trocknen lassen (am besten 1 bis 2 Tage ausgebreitet liegenlassen). Mandeln für Spritzbäckereien oder für Marzipan müssen besonders fein gerieben sein, man sollte sie zweimal durch die Mandelmühle drehen.

BITTERMANDELN haben ein besonders intensives Aroma. Sie dürfen nur stückweise verwendet werden, da sie einen relativ hohen Blausäuregehalt aufweisen. Einfacher zu handhaben ist es, wenn man dem Teig einfach ein paar Tropfen Bittermandelaroma beimischt.

HASELNÜSSE werden ähnlich wie Mandeln verwendet. Haselnussbäckereien haben ein sehr feines Aroma, vorausgesetzt, die Haselnüsse sind wirklich frisch.
Sie werden meist ungeschält verwendet. Will man sie doch einmal schälen, legt man sie für einige Minuten in das heiße Backrohr; das braune Häutchen platzt und lässt sich dann leicht abreiben.

WALNÜSSE haben einen sehr intensiven Eigengeschmack. Sie werden immer ungeschält verwendet und sollten möglichst frisch sein.

PISTAZIEN sind die grünen Fruchtkerne des Pistazienbaumes. Sie sind von einer dünnen harten Schale und einem braunen Häutchen umgeben. Vor der Verwendung ungeschälter Pistazien entfernt man zunächst die harte Schale, dann das dünne Häutchen. Pistazien werden, halbiert oder gehackt, vor allem als Verzierung verwendet.

PIGNOLIEN (Pinienkerne) sind die Samenkerne einer im Mittelmeergebiet heimischen Pinienart. Sie werden vor allem zum Verzieren verwendet, wobei sie nicht nur das Auge, sondern auch den Gaumen durch ihren feinen harzigen Geschmack erfreuen.

MOHN wird selten für Weihnachtsbäckereien verwendet. Die hauptsächlich vom blauen Mohn oder Schließmohn stammenden Samen müssen vor der Verwendung gerieben werden. Aber Achtung, jedes Mal frisch reiben (bzw. reiben lassen)! Geriebener Mohn wird sehr schnell ranzig.

ROSINEN ist der Überbegriff für getrocknete Weintrauben. Sie werden hauptsächlich für Stollen und Striezel verwendet. Man unterscheidet zwischen Sultaninen, die durch Trocknen der vor allem in der Türkei und in Kalifornien angebauten kernlosen Sultantrauben hergestellt werden und hell bis goldgelb sind, sowie den dunkleren und kleineren Korinthen, die durch Trocknen einer dunklen, nach der griechischen Stadt Korinth benannten Traube entstehen. Oft wird das Wort „Rosinen" auch für Sultaninen verwendet.

ARANCINI sind die kandierten Schalen der Bitterorange oder Pomeranze. Einwandfreie Arancini haben eine leuchtend- bis tieforangerote Farbe mit einem leichten Braunton und einen aromatisch bitteren Geschmack. Sehr beliebt für Lebkuchen.

ZITRONAT ist die kandierte dickfleischige Schale der Zedrat-Zitrone. Es ist in Halbschalen erhältlich, hat eine blassgrüne Farbe und einen bittersüßlichen Geschmack, der vielen Bäckereien ihr charakteristisches Aroma verleiht.

SCHOKOLADE ist ein wichtiger Bestandteil vieler Bäckereien. Wenn das Rezept nichts anderes vorschreibt, wird immer Kochschokolade verwendet, die je nach Vorschrift gerieben oder vorsichtig im mittelheißen Wasserbad geschmolzen wird.

KUVERTÜRE ist eine Kochschokolade mit etwas höherem Fettgehalt, sie wird dadurch beim Schmelzen flüssiger und kann direkt zum Glasieren bzw. Überziehen kleiner Gebäckstücke verwendet werden. Wichtig aber ist, dass Kuvertüre niemals überhitzt wird: immer nur im mäßig warmen Wasserbad schmelzen lassen. Überhitzte Kuvertüre wird nach dem Trocknen grau.

HONIG gehört zu den wichtigsten Bestandteilen vieler Lebkuchen. Welche Art von Honig verwendet wird, ist Geschmackssache; die einen werden das zarte Aroma des Blütenhonigs schätzen, andere lieben die kräftige Würze des Waldhonigs ... Honig, der zum Backen verwendet wird, wird meist erwärmt, hüten Sie sich aber vor Überhitzung! Honig, der über 35 Grad erwärmt wird, verliert nicht nur sein Aroma, sondern auch alle anderen wertvollen Inhaltstoffe (Vitamine, Inhibine ...).

ALKOHOLIKA in Form von Rum, Cognac, Kirschwasser ... dienen zur Aromatisierung von Teigen, Füllungen und Glasuren. Auch hier gilt: Je besser die verwendete Qualität, desto besser wird das fertige Gebäck sein. Die in den Rezepten angegebenen Spirituosen geben den Bäckereien ihr typisches Aroma. Hier steht ein weites Feld zum Experimentieren offen, indem man etwa einen Schnaps durch Likör, Rum durch Cognac ersetzt – immer wieder entstehen neue köstliche Plätzchen.

ROSENWASSER, ursprünglich ein Nebenprodukt bei der Destillation von Rosenblättern, wird heute durch Lösen kleinster Mengen echten Rosenöls in destilliertem Wasser hergestellt. Es wird praktisch nur bei der Marzipanzubereitung gebraucht, bei der es zum typischen Aroma dieser Schleckerei mit beiträgt. Rosenwasser ist in Apotheken oder Drogerien, aber auch in Backzubehörgeschäften erhältlich. Achten Sie darauf, immer nur frisches Rosenwasser, das noch den Geruch von Rosen verströmt, zu kaufen, und besorgen Sie nie mehr, als Sie wirklich brauchen! Rosenwasser vom letzten Jahr ist nichts als eine schale Flüssigkeit.

ORANGENBLÜTENWASSER, ein bei der Destillation von Orangenblüten anfallendes Nebenprodukt, wird zur Zubereitung marzipanähnlicher Bäckereien verwendet. Wie Rosenwasser ist es in Apotheken oder Drogerie-Fachgeschäften erhältlich und sollte immer frisch verwendet werden.

DIE GEWÜRZE

ANIS sind die getrockneten Samen des im Mittelmeergebiet heimischen Doldenblütlers Pimpinella anisum. Er hat einen unverwechselbaren herbsüßen Geruch und einen ebensolchen Geschmack, der charakteristisch für die jeweiligen Bäckereien ist. Anis wird daher kaum mit anderen Gewürzen gemischt. Anis kommt ganz oder gemahlen in den Handel. Das feinste Aroma erhält man, wenn man die feingehackten oder in einem Mörser gestoßenen Samenkörner verwendet.

INGWER nennt man die Seitenwurzeln der in Südostasien heimischen Ingwerpflanze. Die Wurzelstückchen kommen ganz, gemahlen oder geschält und kandiert in den Handel. Ingwer schmeckt aromatisch und zugleich scharf. Er wird vor allem zum Würzen von Lebkuchen und typischem Ingwergebäck gebraucht; in kleinsten Mengen verwendet, gibt er auch anderen Plätzchen das gewisse Etwas. Für das typische Ingwergebäck sollte

Advent

*Es treibt der Wind im Winterwalde
die Flockenherde wie ein Hirt,
und manche Tanne ahnt, wie balde
sie fromm und lichterheilig wird;
und lauscht hinaus. Den weißen Wegen
streckt sie die Zweige hin – bereit,
und wehrt dem Wind und wächst entgegen
der einen Nacht der Herrlichkeit.*

Rainer Maria Rilke

man immer ein Stückchen der überall erhältlichen Wurzel frisch reiben, als Tüpfelchen auf dem i bei anderen Bäckereien genügt meist eine Prise fertig gemahlenen Ingwerpulvers. Kandierter Ingwer schmeckt etwas milder; feinst gehackt wird er manchem Teig zugegeben; in kleine Stückchen geschnitten dient er als würzige Verzierung.

KARDAMOM sind die Samen einer in Vorderindien und Ceylon heimischen Ingwerart. Er kommt fast nur gemahlen in den Handel. Kardamom mit seinem angenehm würzigen Aroma ist *das* Gewürz in der Lebkuchenbäckerei, er gehört zu Spekulatius und verleiht auch vielen anderen Bäckereien eine besondere Note. Kardamom wurde schon im Altertum verwendet, nicht nur als Gewürz, sondern vor allem als Arzneipflanze: Man schrieb ihm eine herz- und magenstärkende Wirkung zu.

KORIANDER sind die getrockneten Samen eines im Orient heimischen, heute auch im Mittelmeergebiet angebauten Doldengewächses. Er hat einen kräftigen, ganz leicht an Anis erinnernden Geschmack.
Die kleinen hellen Körner zählen zu den ältesten Gewürzen. Sie werden vor allem zum Würzen von Lebkuchen verwendet.

MUSKATNUSS ist immer dann gemeint, wenn von Muskat die Rede ist. Es handelt sich dabei um die etwa kirschgroßen getrockneten Samen des in den Tropen kultivierten Muskatnussbaumes. Muskat kommt ganz oder gemahlen in den Handel. Das feinste Aroma erhält man, wenn man von der ganzen Nuss die nötige Menge frisch abreibt.
Muskat hat einen besonders intensiven, leicht süßlichen Geschmack und sollte immer nur in kleinsten Mengen verwendet werden.

MUSKATBLÜTE *(Macis)* ist keine Blüte, sondern der getrocknete rote Samenmantel der Muskatnuss. Er kommt immer gemahlen in den Handel, Muskatblüte hat einen ähnlichen, noch edleren Geschmack als die Muskatnuss.

NELKEN sind die getrockneten Blütenknospen des hauptsächlich in Madagaskar angebauten Gewürznelkenbaumes. Sie kommen ganz oder gemahlen in den Handel. Nelken haben einen unverwechselbaren süßlich-scharfen Geschmack und einen intensiven Geruch. Zum Backen wird ausschließlich fertig gemahlenes Nelkenpulver verwendet. Achtung, es ist so intensiv, dass kleinste Mengen genügen!

PFEFFER, die unreif geernteten, getrockneten Früchte des südostasiatischen Pfefferstrauches, wird in der Weihnachtsbäckerei für manche Pfefferkuchen – in geringster Menge – verwendet.

PIMENT, auch *Nelkenpfeffer* genannt, sind die unreifen, getrockneten Früchte des vor allem in Jamaika beheimateten Pimentbaumes. Die kleinen Körner kommen ganz oder gemahlen in den Handel. Für die Weihnachtsbäckerei verwenden wir nur gemahlenes Piment. Piment hat einen scharfen und zugleich süßlichen Geschmack und einen an Nelken erinnernden Geruch. Es wird vor allem in Lebzelters Küche verwendet.

SAFRAN sind die getrockneten Blütennarben einer Krokusart. Für die Weihnachtsbäckerei verwenden wir nur das gemahlene Pulver. Safran zeichnet sich nicht nur durch seinen herb-würzigen Geschmack, sondern auch durch seine intensiv gelbe Farbe aus. Er kann in kleinsten Mengen verschiedenen Bäckereien zugesetzt werden, wird aber auch zum Färben von Glasuren verwendet.

STERNANIS nennt man die getrockneten Früchte eines immergrünen Baums aus tropischen Gebieten. Als Gewürz werden nur die gemahlenen Samenkörner verwendet. Sternanis hat ein dem Anis ähnliches, noch etwas schwereres Aroma; er kann für Lebkuchen oder anstelle des normalen Anises für Anisbäckereien verwendet werden.

VANILLESCHOTEN sind die Samenkapseln einer tropischen Orchideenart, in deren Mark sich das wohl meistverwendete und erlesenste der weihnachtlichen Gewürze befindet: Vanille. Häufig wird Vanille in Form von Vanillezucker verwendet. Selbst gemachten Vanillezucker erhält man durch Mischung von feinstgemahlener Bourbon-Vanille (beste Sorte) mit feinem Zucker oder durch Lagerung der aufgeschlitzten Schoten in feinem Zucker.

VANILLIN ist der synthetisch hergestellte Gewürzstoff der Vanilleschote. Mit feinem Staubzucker gemischt, erhält man den Vanillinzucker. Er ist im Geschmack dem echten Vanillezucker ähnlich, reicht aber nicht an diesen heran.

ZIMT besteht aus dünnen getrockneten Rindenstücken junger Wurzelschösslinge des Zimtbaumes. Er kommt ganz, in Form von dünnen Röllchen, oder gemahlen in den Handel. Zimt ist wohl das bekannteste, beliebteste und am meisten verwendete Gewürz der Weihnachtsbäckerei. Sein feines Aroma ist für viele Bäckereien typisch, sein Duft gehört in die Weihnachtszeit.
Der feinste Zimt ist der von *Cinnamomum zeylanicum* stammende Ceylonzimt. Der häufig verwendete, von *Cinnamomum cassia* stammende Kassiazimt, auch Chinesischer Zimt genannt, ist billiger, aber nicht ganz so fein im Aroma.

ZITRONENSCHALE reibt man frisch von ungespritzten Zitronen ab. Ihr Aroma unterstreicht das Aroma anderer Zutaten wie Nüsse oder Haselnüsse.

GEWÜRZMISCHUNGEN wie Lebkuchengewürz oder Spekulatius-Gewürz ersparen das Hantieren mit zu vielen Gewürzen. Hier hat man alle für ein Gebäck nötigen Gewürze im richtigen Mischungsverhältnis beisammen. Achten Sie aber darauf, diese Mischung nur in der gerade benötigten Menge jedes Jahr frisch zu kaufen und kaufen Sie nur hochwertige Qualität.

KLEINE BACKSCHULE

Weihnachtsbäckerei zu backen ist einfach. So einfach, dass es selbst Ungeübten gelingt, Familie und Freunde mit verlockend duftenden selbstgebackenen Köstlichkeiten zu überraschen. Kaum schwieriger ist das Backen von Weihnachtsstollen, Striezeln und Strudeln. Damit aber wirklich nichts schiefgeht, sollten Sie einige wenige Punkte beachten:

Richten Sie sich vor Backbeginn alle benötigten Geräte griffbereit her. Nichts ist lästiger, als während der Arbeit den verlegten Nudelwalker, die Ausstechformen usw. suchen zu müssen.

Bereiten Sie – bevor Sie mit dem Teig beginnen – alle Zutaten genau abgewogen bzw. abgemessen vor. Nur so sind Sie sicher, auch wirklich nichts zu vergessen.

Beachten Sie bitte bei der Herstellung des Teiges genau die Angaben des betreffenden Rezepts. So muss bei Gebäck aus Eierschaummasse z. B. der Teig wirklich dickschaumig gerührt werden, bei Eischneebäckerei muss der Schnee wirklich schnittfest und glänzend sein.

Die vorgeschriebenen Ruhezeiten sind wichtig! Der Teig lässt sich danach besser verarbeiten, außerdem ermöglicht erst dieses Ruhen den Gewürzen die volle Entfaltung ihres Aromas.

Formen Sie den Teig – zumindest die ersten Male – genau nach Vorschrift. Haben Sie bereits einige Übung und sind mit den Eigenheiten der Teige vertraut, bleibt es Ihnen überlassen, Größe und Form der Gebäckstücke zu verändern.

Wird der Teig ausgewalkt, so sollten Sie die Angaben zur Stärke des Teiges beachten. Beim Ausstechen dagegen können Sie Ihrer Phantasie freien Lauf lassen, für das Gelingen des Gebäcks ist es vollkommen gleichgültig, ob Sie Scheiben oder Herzen, Sterne oder andere Figuren ausstechen. Auch die Größe ist eine Geschmackssache.

Viele Plätzchen werden vor dem Backen mit Eigelb, verquirltem Ei oder Eischnee bestrichen; Ei und Eigelb werden am besten mit einem kleinen Backpinsel aufgetragen; Eischnee verteilt man gleichmäßig mit einem Messer, das in kaltes Wasser getaucht wird.

Das Einfetten des Backblechs gehört dank Backtrennpapier heute der Vergangenheit an. Schneiden Sie ein entsprechend großes Stück Backtrennpapier zu, und legen Sie es auf das Blech; alle, auch heikle Gebäcke können dann mühelos gebacken werden und lassen sich danach leicht vom Papier lösen. Eine gute Alternative ist auch die Verwendung von Silikonmatten, von denen sich die fertigen Gebäcke problemlos lösen lassen.

Das richtige Backen gehört zu den wichtigsten Verrichtungen der Weihnachtsbäckerin. Alle Bäckereien werden in das vorgeheizte Rohr gestellt. Kleingebäck kommt – je nach Herd – auf die mittlere oder zweitoberste Einschubleiste; Weihnachtsbrote werden auf der untersten oder mittleren Einschubleiste gebacken.

In diesem Buch ist die jeweils günstigste Backtemperatur angegeben. Aber Achtung, die angegebenen Temperaturen weichen bei den einzelnen Rohrtypen beachtlich voneinander ab! Wer noch nicht viel Erfahrung mit seinem Rohr gesammelt hat, sollte deshalb immer wieder einen Blick auf die Gebäcke werfen.

Das betrifft auch den zweiten wichtigen Faktor für gelungenes Gebäck: die Backzeit. Hier sind ein wenig Fingerspitzengefühl und das richtige Gespür nötig. Die bei den einzelnen Rezepten angegebenen Zeiten können nur Richtwerte sein, zu sehr hängt die genaue Zeit nicht nur vom Herd, sondern auch von der Größe, vor allem von der Dicke der einzelnen Plätzchen ab. Ob Ihre Bäckereien wirklich „fertig" sind, erkennen Sie leicht an der gleichmäßig blassbraunen Farbe und an dem sich verbreitenden köstlichen Geruch. Zu dunkel gebackene Plätzchen schmecken leicht bitter und trocken.

Nach dem Backen – und Auskühlen – wird der Großteil unserer Bäckereien noch „festlich geschmückt" (sofern dies nicht schon vor dem Backen geschah). Einige dieser Verzierungen sind typisch für die entsprechenden Gebäckstücke und werden daher bei den einzelnen Rezepten genau beschrieben. Selbstverständlich können Sie aber auch hier nach eigenem Geschmack variieren: Verwenden Sie einmal eine andere Glasur, belegen Sie die glasierten Plätzchen statt mit Mandeln oder Nüssen mit Zuckerstreuseln, Arancini, Liebesperlen … Sie können Ihre Phantasie spielen lassen und so Ihre persönliche Weihnachtsbäckerei schaffen.

Haben Sie Ihre fertige, schön verzierte Bäckerei vor sich, so ist nur noch eines wichtig: die richtige Aufbewahrung bis zum Fest. Die richtige Lagerung ist für jede Gebäckfamilie verschieden und wird daher in den entsprechenden Kapiteln beschrieben. Hier ein paar prinzipielle Hinweise:

1. Jedes Gebäck muss vor der Aufbewahrung vollkommen ausgekühlt sein (am besten über Nacht stehenlassen).
2. Glasuren müssen gut getrocknet sein.
3. Die einzelnen Gebäcksorten sollen wenn irgend möglich für sich allein aufbewahrt werden, damit sich die verschiedenen Aromen nicht vermengen können. Hier bewährt sich wieder einmal Alufolie, mit deren Hilfe man auch größere Dosen „teilen" kann.

NÜTZLICHE TIPPS UND TRICKS

ARANCINI lassen sich leichter hacken (kleben nicht so am Messer), wenn man sie mit Zucker mischt.

BACKBLECHE sollen vor dem Belegen ausgekühlt sein, damit heikle Plätzchen nicht zerfließen.

Einen **BACKPLAN** vor Backbeginn zu erstellen, lohnt sich immer: Alles, was gebraucht wird, kann auf einmal eingekauft werden; Mandeln, Nüsse, Schokolade können zusammen gerieben werden; Bäckereien, zu denen Eigelb verwendet werden, können genau vor jenen gebacken werden, zu denen Eiweiß benötigt wird …

BACKPROBEN sind ratsam, wenn man sich über die Konsistenz des Teiges nicht ganz im Klaren ist. Sollte der Teig einmal zu weich sein und das Probeplätzchen zerfließen (geschieht vor allem bei Eierschaumgebäcken, wenn die Eier zu groß waren), so kann man noch etwas Mandeln, Nüsse usw. dazugeben.

EIER werden am besten einzeln in eine Tasse geschlagen und erst dann verwendet; schlechte Eier lassen sich so leicht aussondern, es wird nicht gleich der ganze Teig verdorben, und etwaige Schalenstückchen lassen sich leichter herausnehmen.
Eier werden bei vielen Bäckereien nur „halb" verwendet, d. h. man braucht entweder Eigelb oder Eiweiß. Teilen Sie sich Ihr Backen so ein, dass Sie zuerst Plätzchen mit Eigelb und danach jene mit Eiweiß backen.
Eier, die zum Bestreichen von ungebackenen Plätzchen verwendet werden, müssen sehr gut verquirlt werden. Die fertigen Plätzchen erhalten eine noch schönere Farbe, wenn man ½ Kaffeelöffel Honig dazuschlägt (sollte der Honig sehr fest sein, vorher ganz leicht erwärmen).

EIGELB lässt sich leicht einige Tage aufbewahren, wenn man über die ganzen Dotter etwas Öl gießt; vor Gebrauch wieder abgießen.

EIWEISS, das übriggeblieben ist, hält sich gut eine Woche, wenn es kühl und in einem gut schließenden Gefäß aufbewahrt wird.

EISCHNEE lässt sich mit 1 oder 2 Tropfen kaltem Wasser oder 1 Prise Salz besonders gut schlagen; einige Tropfen Zitronensaft machen ihn außerdem feinporiger und daher besonders fest.

GERMGEBÄCK geht besonders gut auf, wenn man die zugedeckte Schüssel in ein schwach erwärmtes Rohr stellt. (Bitte nur die niedrigste Stufe verwenden oder nur die Beleuchtung einschalten.)

Glasierte oder in Kuvertüre getauchte **PLÄTZCHEN** legt man am besten auf ein Stück Alufolie zum Trocknen. Das getrocknete Gebäck lässt sich wesentlich leichter lösen, als wenn man es auf ein Gitter legt!

GLASUREN können ruhig in größeren Mengen zubereitet werden, sie halten sich, gut verschlossen aufbewahrt, ca. eine Woche. Vor der Verwendung in ein warmes Wasserbad stellen und, sollte die Glasur zu fest geworden sein, mit 1 Kaffeelöffel heißem Wasser verrühren.

HARTES GEBÄCK, das schnell weich werden soll, kann man in einen vorher gewässerten und sehr gut abgetropften Tontopf legen.

HONIG darf niemals überhitzt werden, er verliert nicht nur sein Aroma, sondern auch seine Triebkraft. Also immer nur in ein schwach erwärmtes Wasserbad stellen!

KUVERTÜRE ist die feinste „Glasur". Damit die fertigen Bäckereien wirklich schön glänzen und nicht grau werden, muss sie sorgfältig behandelt

werden: Schneiden Sie die Kuvertüre in kleine Stückchen, geben Sie sie in eine kleine Schüssel und stellen Sie diese in ein warmes (nicht kochendes!) Wasserbad; jetzt kann die Kuvertüre ganz langsam schmelzen, ohne dabei überhitzt zu werden.
Kuvertüre wird für viele Bäckereien gebraucht. Ich schmelze immer gleich eine größere Menge, vor allem dann, wenn Bäckereien eingetaucht werden müssen. Die Reste lassen sich immer wieder verwenden, vorausgesetzt die Kuvertüre wird dabei niemals überhitzt.

MANDELN, aber auch Haselnüsse und Nüsse, können, falls benötigt, zu Beginn der Weihnachtsbäckerei in größerer Menge gerieben werden. Damit erspart man sich, die Mandelmühle jedes Mal hervorholen und nach Benutzung putzen zu müssen.
Mandeln, Haselnüsse und Nüsse lassen sich besser auf einem mit Zucker bestreuten Brett hacken. Das Hacken geht auch leichter, wenn die Kerne feucht sind.
Mandeln für Spritzgebäck müssen besonders fein gemahlen werden, da sonst die Tülle verstopft; am besten zweimal durch die Mandelmühle drehen.

MÜRBTEIG, der zu weich zum Formen erscheint, sollte auf keinen Fall mit zusätzlichem Mehl verknetet werden, er wird sonst brüchig. Am besten legt man den Teig für einige Zeit in den Kühlschrank, dann lässt er sich problemlos verarbeiten.

Ein **PAPIERMASS,** d. h. ein in bestimmter Länge zugeschnittener Streifen Karton, bewährt sich, wenn ein Teigblatt gleichmäßig geschnitten werden soll bzw. wenn lange Teigrollen für die Herstellung von Stangen, Brezeln, Ringen usw. in gleichmäßige Stücke geteilt werden müssen.

PLÄTZCHEN werden zum Auskühlen auf ein Kuchengitter oder auf ein flaches Brett gelegt, keinesfalls sollten sie auf dem Backblech gelassen werden.

PLÄTZCHEN werden zum Aufbewahren in Dosen oder Schüsseln gelagert. Vor allem glasierte oder gefüllte Plätzchen bleiben schöner, wenn man sie in flache Dosen legt und zwischen jede Lage einen Bogen Pergamentpapier (oder Alufolie) gibt.

Die **RÜHRSCHÜSSEL** rutscht nicht, wenn sie auf ein feuchtes Tuch gestellt wird.

SCHOKOLADE wird beim Reiben nicht weich und klebt nicht an den Fingern, wenn man eine Mandelmühle oder eine Rohkostreibe verwendet. Schokolade, die laut Rezept geschmolzen wird, legt man am besten auf ein Stück Alufolie und erst dann in eine kleine Schale, die man in ein warmes (nicht kochendes!) Wasserbad stellt. Die Schokolade lässt sich dann leicht zum Teig geben, außerdem bleibt das Geschirr sauber.

TEIGE, die leicht bröckeln, lassen sich leichter ausrollen, wenn sie zwischen zwei Stück Folie gelegt werden.

ZITRONEN geben mehr Saft, wenn sie 1 Minute in heißes Wasser gelegt und dann noch kräftig gerollt werden.

ZITRONENHÄLFTEN bleiben frisch, wenn man sie auf einen mit Essig befeuchteten flachen Teller legt.

ZITRONAT lässt sich leichter hacken, wenn es laufend mit Zucker gemischt wird. (Beim Rezept dann entsprechend weniger Zucker nehmen!)

ZUCKER, der durch die Lagerung Klumpen gebildet hat, gibt man in einen Gefrierbeutel und drückt ihn mit dem Nudelwalker glatt; eventuell anschließend sieben.

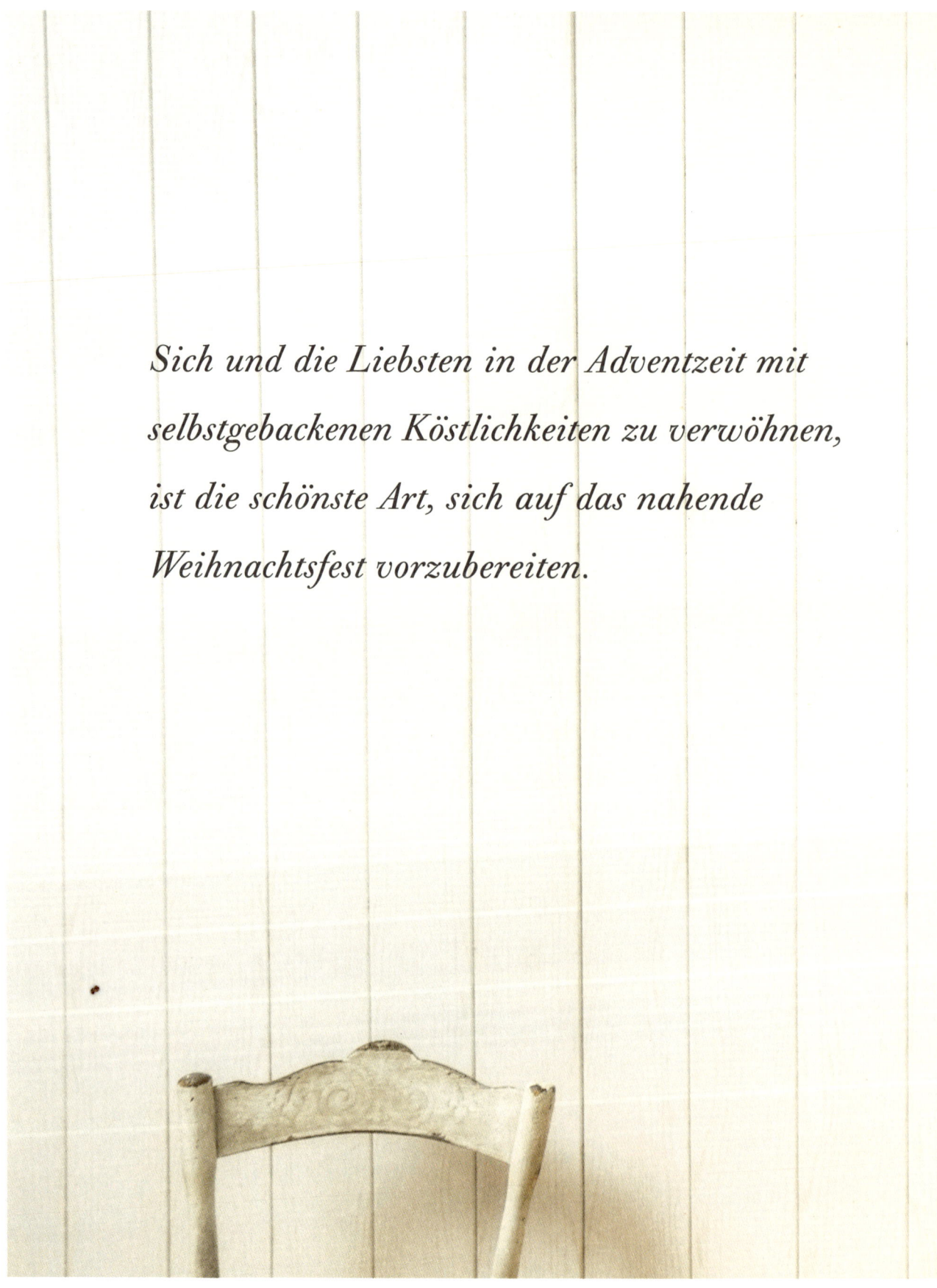

Sich und die Liebsten in der Adventzeit mit selbstgebackenen Köstlichkeiten zu verwöhnen, ist die schönste Art, sich auf das nahende Weihnachtsfest vorzubereiten.

ZU DEN REZEPTEN

Im nachfolgenden Rezeptteil finden Sie rund 200 der besten und beliebtesten Weihnachtsbäckereien. Den Anfang machen die Weihnachtsbrote. Die vielen, vielen Plätzchen werden dann in der Reihenfolge ihrer Zubereitung aufgezählt. **MEIN TIPP:** Backen Sie zu Beginn des Advents Lebkuchen (Sie können einige für Nikolo abzweigen), und hören Sie – kurz vor dem Heiligen Abend – mit etwas selbstgemachtem Konfekt auf.

Kuchen und Torten, die nur durch Backen in einer entsprechenden Form (z. B. in einer Sternenform) oder durch weihnachtliche Verzierungen wie Tannengrün, Marzipansterne usw. zum Festgebäck werden, wurden in diesem Buch nicht berücksichtigt. Da fast jedes Kuchen- oder Tortenrezept auf diese Art abgewandelt werden kann, ist ihre Zahl zu groß und würde den Rahmen dieser Rezeptsammlung sprengen.

Um Ihnen das Backen zu erleichtern, sind die Zutaten nach Arbeitsgängen gegliedert.

Die **MENGENANGABEN** für die verschiedenen Glasuren sind nur als Richtlinien gedacht, zu sehr schwankt die benötigte Menge abhängig von Größe und Dicke und somit von der Anzahl der vorhandenen Plätzchen.

Aus dem gleichen Grund wurde bei fertig zu kaufender Kuvertüre auf jede Mengenangabe verzichtet. Es ist in jedem Fall besser, sie in größerer Menge vorzubereiten.

Bei Verzierungen wurde ebenfalls auf Mengenangaben verzichtet. Es bleibt Ihnen überlassen, ob Sie ein Plätzchen mehr oder weniger dicht bestreuen, ob Sie es mit einer oder mehreren Mandeln belegen …

Zuletzt noch zum Verständnis:

1 EL   = 1 Esslöffel
1 KL   = 1 Kaffeelöffel
1 MSp = 1 Messerspitze

WEIHNACHTLICHE BROTE

SCHON SEIT gut 500 Jahren werden überall in Mitteleuropa spezielle Weihnachtsbrote gebacken. Vor allem die vielen Stollen haben Weltberühmtheit erlangt. Sie alle haben – mit wenigen Ausnahmen – ein charakteristisches Aussehen: Dick weiß mit Zucker überzogen und in ihrer typisch „eingeschlagenen" Form sollen sie das eingewickelte Christkind symbolisieren.

Die echten Stollen (das Paradebeispiel ist der Dresdner Christstollen) werden aus einem fettreichen, mit Rosinen, Zitronat, Arancini und Mandeln versetzten Germteig gebacken. Stollen und Striezel können aber auch mit Marzipan, Mohn oder Topfen zubereitet werden. Eine Besonderheit stellen die aus dem österreichisch-ungarischen Raum stammenden Mohn- oder Nussstrudel dar.

Die hier aufgezeichneten Rezepte können natürlich nur eine kleine Auswahl der vielen Brote sein. Und: Den „echten" Stollen gibt es nicht – unzählige Rezeptvarianten wurden von Müttern, Großmüttern und Urgroßmüttern überliefert.

Eine ähnliche Tradition wie Stollen, Striezel und Strudel haben die vor allem in den Alpen und im alemannisch-schwäbischen Raum beheimateten Brote aus getrockneten Früchten, so das Tiroler Kletzenbrot, das schwäbische Hutzelbrot und viele andere. Diese Brote waren früher oft der einzige Luxus zur Weihnachtszeit. An vielen Orten wurden für die einzelnen Mitglieder des Hausstandes schön verzierte, vielfach mit Namenszettel versehene Brote gebacken, während der schönste (größte) Laib am Heiligen Abend nach der Mette vom Hausvater angeschnitten und von der Familie gemeinsam verzehrt wurde. Alle diese Brote haben den Vorteil, dass sie, gut verpackt, lange haltbar sind und daher rechtzeitig vor dem Fest gebacken werden können.

CHRISTSTOLLEN

Rosinen und Korinthen abwaschen, gut abtropfen lassen. Mit Rum übergießen, über Nacht stehenlassen. Arancini und Zitronat hacken. Die Hälfte der Mandeln reiben, den Rest hacken.

Das Mehl in eine Schüssel geben, in der Mitte eine Vertiefung machen, die Germ mit etwas Zucker hineinbröseln und mit wenig Milch übergießen; zugedeckt gehen lassen. Das Mehl mit der gegangenen Germ und den Gewürzen mischen, die lauwarme Butter, den restlichen Zucker und gerade so viel Milch dazugeben, dass ein mittelfester Germteig entsteht.

Teig gut durchkneten und so lange schlagen, bis er seidig glatt geworden ist. Vorbereitete Rosinen, Korinthen, Arancini, Zitronat und Mandeln dazugeben, vorsichtig einkneten. Den Teig zudecken und einige Stunden an einem mäßig warmen Ort gehen lassen.

Einen Stollen formen: Den Teig zu einem dicken Rechteck auseinanderdrücken, mit dem Nudelwalker in ein Drittel eine Vertiefung drücken; den kleineren Teil über den größeren schlagen, sodass die typische Stollenform entsteht, und gut festdrücken (eventuell mit etwas Ei-

200 g Rosinen
80 g Korinthen
3 EL Rum
50 g Arancini
50 g Zitronat
180 g Mandeln, geschält
500 g Mehl
50 g Germ
ca. 200 ml Milch
80 g Zucker
½ KL Salz
abgeriebene Schale
   von 1 Zitrone
ca. 5 Tropfen
   Bittermandelaroma
250 g Butter
***
Eiweiß nach Bedarf
Butter
Zucker

weiß „festkleben"). Den Stollen nochmals 1 bis 2 Stunden gehen lassen, dann bei 200 Grad hellbraun backen (50 bis 70 Minuten), dabei die Ofentür anfangs etwas offenhalten.

Den fertig gebackenen Stollen sofort mit geschmolzener Butter bestreichen und dick mit Zucker bestreuen.

TIPP:

Der Christstollen schmeckt am besten, wenn er vor Verwendung einige Tage gut verpackt aufbewahrt wird, er hält sich aber auch wochenlang, ja in manchen Familien war es früher Tradition, das letzte Stück erst zu Ostern zu essen.

KINDERBROT

250 g Mehl
25 g Germ
50 g Zucker
ca. 125 ml Milch
½ KL Salz
1 MSp Zimt
1 Prise Kardamom
60 g Butter
30 g Butterschmalz
80 g Kochschokolade, grob gehackt
80 g Mandeln, geschält, gestiftelt
50 g Arancini, grob gehackt
* * *
Butter
Zucker
Schokoladenpulver

Das Mehl in eine Schüssel geben, in der Mitte eine Vertiefung machen. Die Germ mit 1 Kaffeelöffel Zucker zerbröseln, in die Vertiefung geben und mit etwas lauwarm erwärmter Milch übergießen. Gehen lassen.

Das Mehl mit der gegangenen Germ mischen, Gewürze, zerlassenes Fett und so viel Milch dazugeben, dass ein mittelfester Teig entsteht, gut schlagen. 1 Stunde gehen lassen.

Schokolade, Mandeln und Arancini vorsichtig unter den Teig kneten. Ein längliches Brot oder einen Stollen (*vgl. Christstollen S. 51*) formen, zugedeckt 45 Minuten gehen lassen, dann bei 180 Grad in ca. 40 Minuten goldbraun backen.

Den Stollen noch warm mit wenig zerlassener Butter bestreichen und mit einem Gemisch aus Zucker und Schokoladenpulver bestreuen.

KÖNIGSBERGER STRIEZEL

Das Mehl in eine Schüssel geben, in der Mitte eine Vertiefung machen. Die Germ mit 1 Kaffeelöffel Zucker verbröseln, in die Vertiefung geben und mit etwas lauwarmer Milch übergießen; zugedeckt gehen lassen.
Das Mehl mit der gegangenen Germ, Zucker, Salz, Zitronenschale, weicher Butter, Ei und so viel Milch mischen, dass ein mittelfester Teig entsteht; diesen so lange schlagen, bis er seidig glatt wird; zugedeckt 1 Stunde gehen lassen.
In der Zwischenzeit die Füllung zubereiten: Mandeln, Zucker, Rosenwasser und Ei verrühren. Den gegangenen Germteig zu einem daumendicken Rechteck ausrollen und so mit der Füllung bestreichen, dass ringsum ein ca. 2 Finger breiter Rand bleibt. Einen Striezel formen: Das eine Drittel zur Mitte einschlagen; das andere Drittel halbieren und über das erste Drittel schlagen, gut festdrücken (eventuell mit etwas Eiweiß „ankleben"); ½ Stunde gehen lassen.
Den Striezel bei 180 Grad goldbraun backen (ca. 30 Minuten). Noch heiß dick mit Zucker bestreuen.

TIPPS:
Ich finde, der Königsberger Striezel schmeckt besonders gut, wenn man ihn nach dem Erkalten mit Zitronenglasur bepinselt: 5 Esslöffel Zucker mit 1 bis 2 Esslöffeln Zitronensaft und 1 bis 2 Esslöffeln heißem Wasser zu einem dicken Guss verrühren.
Als Verzierung streue ich einige halbierte oder gehackte Pistazien auf die noch feuchte Glasur.

280 g Mehl
25 g Germ
30 g Zucker
ca. 100 ml Milch
1 KL Salz
abgeriebene Schale
   von ½ Zitrone
100 g Butter
1 Ei
   * * *
150 g Mandeln, geschält,
   gerieben
150 g Zucker
3 EL Rosenwasser
1 Ei
   * * *
Eiweiß nach Bedarf
Zucker

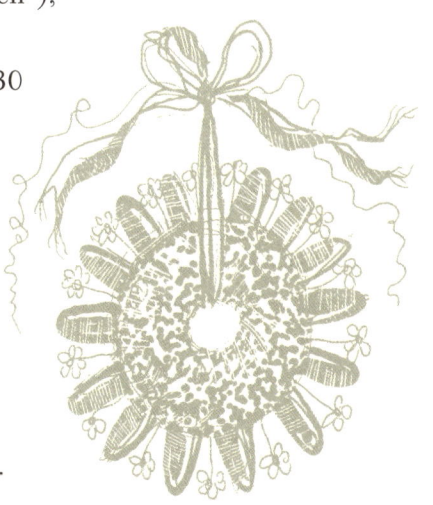

Leipziger Rosinenstollen

LEIPZIGER ROSINENSTOLLEN

Sultaninen und Rosinen 2 bis 3 Stunden in Rum einweichen.

Das Mehl in eine Schüssel geben, in der Mitte eine Vertiefung machen. Die Germ mit 1 Kaffeelöffel Zucker verbröseln, in die Vertiefung geben und mit so viel lauwarmer Milch übergießen, dass sie gerade bedeckt ist; gehen lassen.

Das Mehl mit dem gegangenen Vorteig, dem restlichen Zucker und den Gewürzen mischen. Mandeln, Zitronat, zerlassene Butter, Ei und so viel Milch dazugeben, dass ein mittelfester Teig entsteht; gut schlagen, bis der Teig seidig glatt geworden ist und Blasen wirft. 1 Stunde gehen lassen.

Die vorbereiteten Sultaninen und Rosinen vorsichtig mit dem Teig verkneten; einen Stollen formen *(s. Christstollen S. 51)*, ¾ Stunde gehen lassen; bei 180 Grad goldbraun backen.

Den Stollen noch heiß mit zerlassener Butter bestreichen und mit Zimt und Zucker bestreuen.

TIPP:

Ich bestreiche den Stollen vor dem Backen mit verquirltem Ei und bestreue ihn mit Hagelzucker.

60 g Sultaninen
80 g Rosinen
1–2 EL Rum
250 g Mehl
25 g Germ
50 g Zucker
ca. 100 ml Milch
½ KL Salz
1 MSp Kardamom
1 MSp Zimt
abgeriebene Schale von ½ Zitrone
40 g Mandeln, gerieben
3 EL Zitronat, gehackt
80 g Butter
1 Ei
* * *
Butter
Zimt
Zucker

MANDELSTOLLEN

250 g Mehl
25 g Germ
80 g Zucker
ca. 100 ml Milch
½ KL Salz
1 Prise Kardamom
100 g Butter
1 Ei
40 g Mandeln, geschält, gerieben
100 g Mandeln, geschält, gestiftelt
50 g Zitronat, grob gehackt
Eiweiß nach Bedarf
* * *
Butter
Zucker

Das Mehl in eine Schüssel geben und in der Mitte eine Vertiefung machen. Die Germ mit wenig Zucker verbröseln, in die Vertiefung geben und mit 2 bis 3 Esslöffeln lauwarmer Milch übergießen; zugedeckt gehen lassen.

Das Mehl mit dem gegangenen Vorteig, restlichem Zucker, Salz, Kardamom, zerlassener Butter, Ei und so viel Milch mischen, dass ein mittelfester Teig entsteht. Gut schlagen. Mandeln und Zitronat vorsichtig einarbeiten. Zugedeckt 1 Stunde gehen lassen.

Einen Stollen formen *(s. Christstollen S. 51)*; ½ Stunde gehen lassen. Den Stollen bei 180 Grad goldbraun backen (ca. 40 Minuten).

Noch heiß mit zerlassener Butter bepinseln und dick mit Zucker bestreuen.

… Meine Kathrein aber kniete vor dem großmächtigen Linnenschrank und holte das feinste von den selbst gewirkten Tafeltüchern heraus für Weihnacht, indes die Mägde am Backtrog standen und den Teig zum Kletzenbrot kneteten.

Und da etliche Tage danach der Heilige Abend anbrach, stellte die liebste Frau die alte Hauskrippe unter den Altar, steckte rings um den Tisch rote Kerzen auf und trug schwere Schüsseln voll Äpfel, Nüsse und Weihnachtsbrot in die Stube …

LENA CHRIST

MOHNSTRIEZEL

Mehl in eine Schüssel geben und in der Mitte eine Vertiefung machen, Germ mit etwas Zucker hineinbröseln, mit wenig Milch übergießen; zugedeckt gehen lassen.

Mehl und gegangene Germ mischen, Zucker, Salz, Zitronenschale, zerlassene Butter, Ei und so viel Milch dazugeben, dass ein mittelfester Teig entsteht. Alles zusammen so lange kräftig schlagen, bis der Teig seidig glatt wird. Zugedeckt ca. 1 Stunde gehen lassen.

Die Milch zum Kochen bringen, Grieß und Mohn einrühren, aufkochen lassen und mit Zucker und den Gewürzen mischen. Nach dem Abkühlen Rum, Eigelb, Sultaninen und Mandeln einrühren.

Den gegangenen Teig zu einem fingerdicken Rechteck auswalken. Die ausgekühlte Mohnfüllung so darauf streichen, dass ein 2 Finger breiter Rand frei bleibt. Den Teig von beiden Seiten her aufrollen; die Nahtstellen mit Eiweiß bestreichen und gut zusammendrücken. Nochmals ca. ½ Stunde gehen lassen, dann an der Nahtstelle so mit der Handkante eindrücken, dass eine tiefe Kerbe entsteht. Den Striezel bei 180 Grad ca. 45 Minuten backen.

Noch heiß mit zerlassener Butter bestreichen und mit Zucker bestreuen.

TIPPS:

Ich bestreiche den Striezel mit einer Zitronenglasur aus 150 g Staubzucker, 1 Eiweiß und 1 Esslöffel Zitronensaft (alles mit einem Handmixer zu einem Guss verrühren).

Mohnstriezel schmeckt noch besser, wenn man ihn vor Verwendung 1 bis 2 Tage in Folie gepackt stehenlässt.

---

250 g Mehl
30 g Germ
30 g Zucker
ca. 125 ml Milch
½ KL Salz
abgeriebene Schale von ½ Zitrone
60 g Butter
1 Ei

* * *

³⁄₁₆ l Milch
15 g Grieß
125 g Mohn, gerieben
50 g Zucker
1 Paket Vanillezucker
abgeriebene Schale und Saft von ½ Zitrone
2 KL Rum
1 Eigelb
40 g Sultaninen
30 g Mandeln, geschält, gehackt

* * *

Eiweiß
Zucker
Butter

RHEINISCHER WEIHNACHTSSTOLLEN

80 g Rosinen
40 g Korinthen
20 g Arancini, gehackt
30 g Zitronat, gehackt
1 EL Rum
50 Mandeln
* * *
280 g Mehl
25 g Germ
50 g Zucker
ca. 100 ml Milch
½ KL Salz
abgeriebene Schale von 1 Zitrone
1 MSp Kardamom
3 Tropfen Bittermandelaroma
90 g Butter
30 g Butterschmalz
1 Ei
* * *
350 g Marzipanrohmasse
* * *
Butter
Zucker

Rosinen, Korinthen, Arancini und Zitronat mit Rum mischen, zugedeckt über Nacht marinieren lassen. Mandeln schälen und hacken.

Das Mehl in eine Schüssel geben, in die Mitte eine Vertiefung machen; die Germ hineinbröseln, mit etwas Zucker mischen und mit wenig lauwarmer Milch übergießen; zugedeckt gehen lassen.

Das Mehl mit dem gegangenen Vorteig, den Gewürzen, der weichen Butter, dem weichen Butterschmalz und dem Ei mischen; so viel lauwarme Milch dazugeben, dass ein mittelfester Teig entsteht; gut schlagen, bis er seidig glatt wird; zugedeckt ca. 1 Stunde gehen lassen. Die vorbereiteten Früchte und Mandeln sorgfältig mit dem gegangenen Teig verkneten. Den Teig zu einem daumendicken Rechteck auswalken. Die Marzipanrohmasse in der Größe des Teigstückes auswalken, darauflegen und gut festdrücken; von beiden Seiten so einschlagen, dass ein Stollen entsteht *(s. Christstollen S. 51)*. Zugedeckt 1 Stunde gehen lassen. Den Stollen bei 170 Grad 30 bis 40 Minuten goldbraun backen. Nach kurzem Überkühlen dünn mit zerlassener Butter bepinseln und mit Zucker bestreuen.

TOPFENSTOLLEN

Rosinen, Korinthen, Mandeln, Arancini und Zitronat bereits am Vortag mit Rum mischen und zugedeckt über Nacht marinieren lassen.

Mehl und Backpulver auf ein Brett sieben und mit der Butter verbröseln.

Zucker, Ei und Gewürze schaumig rühren. Die Mehl-Butter-Mischung mit dem Eierschaum und dem Topfen mischen. Die marinierten Früchte dazugeben; alles vorsichtig zu einem Teig kneten.

Einen Stollen formen (ob er nach Art des Dresdner Christstollen *[s. S. 51]* oder wie ein Brotlaib geformt gehört, ist Ansichtssache); bei 180 Grad ca. 45 Minuten hellbraun backen.

Den Stollen noch heiß mit zerlassener Butter bestreichen und dick mit Zucker bestreuen.

60 g Rosinen
60 g Korinthen
60 g Mandeln, gehackt
30 g Arancini, gehackt
30 g Zitronat, gehackt
2-3 EL Rum
* * *
250 g Mehl
½ Paket Backpulver
100 g Butter
100 g Zucker
1 Ei
abgeriebene Schale von ½ Zitrone
½ KL Salz
1 MSp Zimt
1 MSp Kardamom
125 g Topfen (20 %)
* * *
Butter
Zucker

WIENER MOHNSTRUDEL

Einen Germteig wie bei Wiener Nussstrudel *(s. S. 63)* zubereiten.

Mohn mit den übrigen Zutaten unter ständigem Rühren aufkochen, abkühlen lassen.

Den Teig halbieren. Aus jedem Teigstück ein längliches, ca. daumendickes Rechteck auswalken, mit Mohnfüllung bestreichen, zusammenrollen und mit der Nahtstelle nach unten auf ein Backblech legen. Den Strudel mit verquirltem Eigelb bestreichen, ¾ Stunde gehen lassen, bei 180 Grad hellbraun backen (30 bis 45 Minuten).

Germteig wie bei Wiener Nussstrudel *(S. 63)*
* * *
250 g Mohn, gerieben
80 g Zucker
1 MSp Zimt
1 Prise Nelken
abgeriebene Schale von 1 Zitrone
1 EL Honig
1 KL Rum
ca. 250 ml Milch
* * *
1 Eigelb

Herrn Gerhards Früchtebrot

REBOULS
neue
KREATIONEN

HERRN GERHARDS FRÜCHTEBROT

Gerstel zum Reaktivieren mit 40 ml Wasser vermengen, mit einem feuchten Tuch abdecken und 10–12 Stunden an einem warmen Ort ruhen lassen. Restliches Wasser und Roggenmehl dazugeben und kneten. Abermals mit einem feuchten Tuch abdecken und an einem warmen Ort 10–12 Stunden ruhen lassen. Für den Vorteig Hefe in Wasser auflösen, Mehl einmischen, zu einem glatten Teig kneten. Mit einem Tuch abdecken, 30 Minuten an einem warmen Ort ruhen lassen.

Vorteig, Sauerteig und alle Zutaten für den Hauptteig bis auf die Früchte, Nüsse und Orangenschalen mischen und zu einem homogenen Teig kneten. Teig mit einem feuchten Tuch abdecken, 30–35 Minuten gehen lassen. Währenddessen die Früchte, Nüsse und Orangenschalen 1–2 Minuten im Backofen bei 100 Grad handwarm erwärmen. Vorsichtig in den Teig einarbeiten und abermals 20 Minuten ruhen lassen.

Teig halbieren, länglich formen und in gefettete Backformen (20 x 10 x 7,5 cm) legen, mit einem feuchten Tuch abdecken und 90–100 Minuten an einem warmen Ort (ca. 28 Grad) gehen lassen.

Ofen auf 250 Grad vorheizen. Backformen auf ein Backblech stellen. Eine Tasse Wasser auf den Ofenboden schütten. Backblech in den Ofen schieben, Brote 5 Minuten backen. Dann weitere 50 Minuten bei 180 Grad backen.

FÜR 2 BROTE:

SAUERTEIG:
40 g Gerstel*
120 ml lauwarmes Wasser
150 g Roggenmehl, gesiebt
* * *
VORTEIG:
40 g Hefe
80 ml kühles Wasser
150 g Mehl, gesiebt
* * *
HAUPTTEIG:
200 g Roggenmehl, gesiebt
100 ml lauwarmes Wasser
30 g Honig
8 g Salz
5 g Backpulver
2 g Zimt
3 g Lebkuchengewürz
200 g Dörrmarillen
100 g Dörrfeigen
100 g Dörrpflaumen
100 g Dörrdatteln
100 g Rosinen
80 g Walnüsse, gehackt
80 g kandierte Orangenschale
* * *
Fett für die Formen

* Gerstel (auch Krümelsauer genannt) ist getrockneter Sauerteig, den man fertig in Reformhäusern kaufen kann.

Wiener Nussstrudel

Das Mehl in eine Schüssel geben und eine Vertiefung machen. Die Germ mit wenig Zucker und 2 bis 3 Esslöffel Milch mischen, in die Vertiefung geben, zugedeckt gehen lassen. Inzwischen die Walnuss-Füllung zubereiten: Nüsse mit Bröseln, Zucker, Zimt, Rosinen, Butter, Honig, Rum und Milch mischen, unter ständigem Rühren so lange erhitzen, bis die Masse zu kochen beginnt. Abkühlen lassen. Mehl und gegangene Germ mischen, Salz, restlichen Zucker, Zitronenschale, zerlassene Butter, Ei, Eigelb und so viel Milch dazugeben, dass ein mittelfester Teig entsteht; diesen so lange kräftig schlagen, bis er seidig glatt wird. Den Teig nach kurzem Ruhen (10 Minuten) zu 2 daumendicker Rechtecken auswalken, mit der Nussfüllung bestreichen, einrollen, mit der Nahtseite nach unten auf ein Backblech legen und mit verquirltem Eigelb bestreichen. Die Strudel ca. 3/4 Stunde gehen lassen, dann bei 180 Grad goldbraun backen (30 bis 45 Minuten).

500 g Mehl
30 g Germ
50 g Zucker
ca. 125 ml Milch
1/2 KL Salz
abgeriebene Schale von 1/2 Zitrone
200 g Butter
1 Ei
1 Eigelb

250 g Walnüsse, gerieben
50 g Semmelbrösel
50 g Zucker
1 Msp. Zimt
30 g Rosinen
30 g Butter
2 EL Honig
1-2 KL Rum
ca 250 ml Milch
1 Eigelb

HORNBERGS KLASSIKER

WIENER NUSSSTRUDEL

Das Mehl in eine Schüssel geben und eine Vertiefung machen. Die Germ mit wenig Zucker und 2 bis 3 Esslöffeln Milch mischen, in die Vertiefung geben, zugedeckt gehen lassen.

Inzwischen die Walnuss-Füllung zubereiten: Nüsse mit Bröseln, Zucker, Zimt, Rosinen, Butter, Honig, Rum und Milch mischen, unter ständigem Rühren so lange erhitzen, bis die Masse zu kochen beginnt. Abkühlen lassen.

Mehl und gegangene Germ mischen, Salz, restlichen Zucker, Zitronenschale, zerlassene Butter, Ei, Eigelb und so viel Milch dazugeben, dass ein mittelfester Teig entsteht; diesen so lange kräftig schlagen, bis er seidig glatt wird.

Den Teig nach kurzem Ruhen (10 Minuten) zu 2 daumendicken Rechtecken auswalken, mit der Nussfüllung bestreichen, einrollen, mit der Nahtseite nach unten auf ein Backblech legen und mit verquirltem Eigelb bestreichen. Die Strudel ca. ¾ Stunde gehen lassen, dann bei 180 Grad goldbraun backen (30 bis 45 Minuten).

500 g Mehl
30 g Germ
50 g Zucker
ca. 125 ml Milch
½ KL Salz
abgeriebene Schale
von ½ Zitrone
200 g Butter
1 Ei
1 Eigelb
* * *
250 g Walnüsse, gerieben
50 g Semmelbrösel
50 g Zucker
1 MSp Zimt
30 g Rosinen
30 g Butter
2 EL Honig
1–2 KL Rum
ca. 250 ml Milch
* * *
1 Eigelb

BOZNER ZELTEN

250 g Sultaninen
250 g Rosinen
250 g Feigen
250 g Datteln
50 g Pinienkerne
50 g Mandeln
120 g Walnüsse
50 g Arancini
50 g Zitronat
abgeriebene Schale und
Saft von 1 Zitrone
ca. 6,5 cl Rum oder
Zwetschkenwasser
½ KL Zimt
½ KL Nelken
½ KL Anis, gemahlen
30–80 g Zucker (nach
Geschmack)
* * *
200 g Mehl
20 g Germ
1 EL Zucker
ca. 6,5 cl Milch
½ KL Salz
1 Ei
30 g Butter
* * *
Mandeln, geschält und
halbiert
Nusshälften
* * *
2 EL Zucker
6,5 cl Wasser

Sultaninen und Rosinen grob hacken; Feigen und Datteln in längliche Streifen schneiden; Pinienkerne und Mandeln stifteln; Walnüsse, Arancini und Zitronat hacken. Alle Früchte mischen, abgeriebene Zitronenschale, Zitronensaft und Rum dazugeben, gut verrühren, über Nacht ziehen lassen.

Am nächsten Tag die Gewürze und die gewünschte Zuckermenge dazugeben und die Mischung nochmals 2 bis 3 Stunden ziehen lassen. Das Mehl in eine Schüssel geben und eine Vertiefung machen. Germ, Zucker und Milch mischen, in die Vertiefung geben, zugedeckt gehen lassen.

Mehl, gegangenes Dampfl, Salz, Ei und weiche Butter mischen, gut schlagen, mit den vorbereiteten Früchten verkneten.

Aus dem Teig 3 oder 4 dreifingerdicke Zelten (längliche oder runde Brote) formen, mit Mandel- oder Nusshälften verzieren, bei 200 Grad braun backen.

Zucker und Wasser miteinander aufkochen. Die Zelten kurz vor beendeter Backzeit sowie unmittelbar nachdem sie aus dem Rohr kommen mit Zuckerwasser bestreichen.

FRÜCHTEZIEGEL

Dörrpflaumen einige Stunden einweichen, dann entkernen und würfelig schneiden. Feigen, entkernte Datteln und Rosinen klein schneiden. Arancini und Zitronat grob hacken. Sämtliche Früchte mischen, mit Rum übergießen und über Nacht stehenlassen.
Die Germ mit etwas Zucker und 2 bis 3 Esslöffeln Einweichwasser verrühren, zugedeckt gehen lassen.
Die 50 g Mehl mit der gegangenen Germ, den marinierten Früchten, Mandeln, Nüssen und Zimt mischen, zu einem festen Teig verarbeiten (wenn nötig noch etwas Mehl dazugeben); kalt stellen.
Das Mehl mit der Germ, dem Zucker, den Gewürzen, der Butter, dem Eigelb und der nötigen Menge Milch zu einem mittelfesten Teig verarbeiten; ½ Stunde ruhen lassen.
Den Teig zu einem ca. 3 mm dicken Rechteck auswalken und in ca. 8 mal 12 cm große Stücke schneiden.
Die Früchte-Mehl-Mischung in so viele Stücke teilen, wie Teigstücke vorhanden sind. Jedes Stück zu einem kleinen Ziegel formen und in die Mitte der Teigstücke legen. Die Teigstücke um die Früchteziegel einschlagen, und die so entstandenen Pakete mit der Nahtseite nach unten auf ein Backblech legen, mit verquirltem Eigelb bestreichen und mit halbierten Mandeln und kandierten Kirschen belegen.
Die Früchteziegel bei 170 Grad goldbraun backen (ca. 25 Minuten).

---

150 g Dörrpflaumen
100 g Feigen
50 g Datteln, getrocknet
100 g Rosinen
50 g Arancini
50 g Zitronat
2–3 EL Rum
10 g Germ
50 g Zucker
50 g Mehl
50 g Mandeln, gehackt
50 g Walnüsse, gehackt
1 MSp Zimt
* * *
250 g Mehl
25 g Germ
2 EL Zucker
½ KL Salz
1 Paket Vanillezucker
abgeriebene Schale von ½ Zitrone
100 g Butter
1 Eigelb
ca. 6,5 cl Milch
* * *
2 Eigelb
* * *
Mandeln, geschält und halbiert
kandierte Kirschen

HUTZELBROT

250 g Hutzeln
(gedörrte Birnen)
250 g Dörrpflaumen
125 g Feigen
250 g Mehl
25 g Germ
½ KL Zucker
½ KL Salz
30 g Zitronat, gehackt
30 g Arancini, gehackt
125 g Mandeln, gehackt
125 g Walnüsse, gehackt
100 g Zucker
1 EL Zimt
1 KL Nelken
1 MSp Piment
1 EL Anis, gemahlen
* * *
Mandeln, geschält
und halbiert
Nusshälften nach Wunsch
kandierte Früchte
nach Wunsch
* * *
2 KL Stärkemehl

Birnen einige Stunden mit Wasser bedeckt einweichen, dann von Stiel und Fliege befreien, nudelig schneiden und im Einweichwasser weich kochen.

Pflaumen entkernen, nudelig oder würfelig schneiden und zu dem heißen Birnenkompott geben. Die Feigen ebenfalls klein schneiden und dazugeben. Alles zusammen zugedeckt über Nacht stehenlassen.

Mehl in eine Schüssel sieben, in der Mitte eine Vertiefung machen. Die Germ mit Zucker und 1 bis 2 Esslöffeln lauwarmer Kochflüssigkeit verrühren, in die Vertiefung geben, zugedeckt gehen lassen.

Mehl mit der gegangenen Germ, sämtlichen Geschmackszutaten und Gewürzen mischen, zuletzt die vorbereiteten Früchte (ohne Flüssigkeit) dazugeben. Alles zusammen zu einem festeren Teig verarbeiten. (Sollte er zu weich sein, noch etwas Mehl einarbeiten!)

3 oder 4 längliche Brote formen, zugedeckt ca. 2 Stunden gehen lassen.

Die Brote mit halbierten Mandeln, eventuell auch mit Nusshälften und (oder) kandierten Früchten verzieren. Bei 180 Grad hellbraun backen (50 bis 70 Minuten).

Das Stärkemehl mit 2 bis 3 Esslöffeln Früchte-Kochwasser verrühren und die Hutzelbrote kurz vor Beendigung des Backens sowie unmittelbar nachdem sie aus dem Rohr kommen damit bestreichen.

TIROLER KLETZENBROT

Stiele und Fliegen der Birnen entfernen. Birnen und Dörrzwetschken über Nacht einweichen. Dann im Einweichwasser weich kochen, abseihen und nudelig schneiden.

Die Früchte mit Rosinen, Arancini, Nüssen, Rum und Gewürzen mischen.

Das Mehl in eine Schüssel geben und in der Mitte eine Vertiefung machen. Die Germ mit Zucker verbröseln und mit ca. 6,5 cl Früchte-Kochflüssigkeit übergießen, zugedeckt gehen lassen.

Mehl, gegangene Germ und Salz mischen, gut durcharbeiten, ½ Stunde ruhen lassen.

Die vorbereiteten Früchte mit dem Teig mischen. 2 oder 3 längliche Brote formen, mit Nusshälften verzieren, 2 Stunden gehen lassen.

Ca. 70 Minuten bei 180 Grad backen. Kurz vor Beendigung der Backzeit und unmittelbar nach dem Herausnehmen mit Kaffee bestreichen.

400 g Kletzen
   (getrocknete Birnen)
150 g Dörrzwetschken
100 g Rosinen
75 g Arancini, gehackt
100 g Walnüsse, gehackt
6,5 cl Rum oder
   Zwetschkenwasser
2 KL Zimt
½ KL Nelken
1 MSp Piment
abgeriebene Schale und
   Saft von 1 Zitrone
   * * *
150 g Roggenmehl
80 g Weizenmehl
15 g Germ
½ KL Zucker
½ KL Salz
   * * *
Walnüsse, halbiert
   * * *
1–2 EL Kaffee

AUS LEBZELTERS KÜCHE

LEBKUCHEN bzw. Honigkuchen gehören zu den ältesten Gebäckstücken. Bereits 1500 Jahre vor Christi Geburt wurden den ägyptischen Königen flache, aus Honig und Getreidekörnern zubereitete Brote als Wegzehrung für die letzte Reise ins Grab gelegt. Auch die Griechen gaben ihren Toten Honigkuchen mit ins Grab, in der Frühzeit als Opfer für die unterirdischen Schlangen, später zur Besänftigung des Zerberus. Und Herodot erwähnt, dass die Athener ihrer Stadtgöttin Pallas Athene Honigkuchen als Speise überbrachten. Unsere heidnischen Vorfahren wiederum aßen Honigkuchen zur Mittwinterszeit, nicht nur zur Stärkung, sondern auch um den bösen Geistern der rauen Nächte zu trotzen.

Die hohe Zeit der Lebkuchen aber begann, als sich die Mönche der Zubereitung fein gewürzter Backwaren aus Gewürzen, Honig und anderen feinen Ingredienzen widmeten. Die ältesten überlieferten Rezepte stammen sicher aus den Klosterküchen. Später begann die Lebzelterei auch sonst Fuß zu fassen; zuerst wahrscheinlich in den Herrschaftsküchen – die Hofküche Kaiser Maximilians kannte 142 Rezepte –, dann in den bürgerlichen Küchen, bis schließlich eine eigene Zunft entstand, die der Lebzelter.

Den Nürnbergern schließlich blieb es vorbehalten, neben den althergebrachten Honigkuchen Lebkuchen aus Gewürzen, Eiern und Mandeln zuzubereiten, deren weichen Teig sie erstmals auf „Eisenkuchen", hauchdünne zwischen zwei Eisen gebackene Teigplättchen – unsere heutigen Oblaten –, strichen.

Ein charakteristisches Merkmal aller Leb- und Honigkuchen sind die Gewürze. Besonders kräftig gewürzte Lebkuchen werden auch Pfefferkuchen genannt, nicht weil sie „Pfeffer" enthalten (das trifft nur in Ausnahmefällen zu), sondern weil fast alle der darin verwendeten Gewürze aus den „Pfefferländern", wie die gewürzliefernden Länder seinerzeit genannt wurden, stammen. Damit diese Gewürze Zeit haben, ihr volles Aroma zu entfalten, sollen Lebkuchen lange vor Weihnachten zubereitet werden.

Lebkuchen müssen besonders sorgfältig aufbewahrt werden: Am besten schichtet man sie nach dem Abkühlen in Blechdosen, die man offen an einen kühlen, möglichst feuchten Ort stellt, bis die Lebkuchen mürbe geworden sind. Erst dann wird die Dose gut verschlossen. Steht kein entsprechender Ort zur Verfügung, legt man einige Kartoffelscheiben (Apfelstücke, Orangenschalen) in die Dose (nicht direkt auf das Gebäck, sondern auf ein Stückchen Alufolie) und erneuert sie alle 1 bis 2 Tage, bis der Lebkuchen den gewünschten Zustand erreicht hat.

Ruhig sein, nicht ärgern, nicht kränken
Ist das allerbeste Schenken;
Aber mit diesem Pfefferkuchen
Will ich es noch mal versuchen.

THEODOR FONTANE

ALTÖSTERREICHISCHE HONIGKUCHENSCHNITTEN

125 g Honig
50 g Butter
100 g brauner Zucker
400 g Roggenmehl
100 g Haselnüsse, gerieben
abgeriebene Schale
von 1 Zitrone
1 KL Zimt
1 MSp Piment
1 MSp Nelken
1 MSp Koriander
1 Prise Salz
2 Eier
1 EL Rum
1 KL Pottasche
* * *
150 g Haselnüsse, gehackt
50 g Rosinen
80 g Arancini, gehackt
2 EL Rum
2 Pakete Vanillezucker
50 g Zucker
* * *
4 gehäufte EL Zucker
1 Eiweiß
1-2 KL Zitronensaft

Honig, Butter und Zucker im Wasserbad erwärmen, bis der Zucker geschmolzen ist.

Mehl mit Haselnüssen, Zitronenschale, Gewürzen und Eiern mischen; die im Rum verrührte Pottasche und die Honigmasse dazugeben, gut mischen, einen glatten Teig kneten, 1 bis 2 Tage zugedeckt ruhen lassen.

Für die Füllung Haselnüsse, Rosinen und Arancini mit Rum, Vanillezucker und Zucker mischen, über Nacht ziehen lassen.

Den Honigkuchenteig in 3 Teile teilen; jedes Stück zu einem 3 bis 4 mm dicken Rechteck auswalken.

Die erste Platte auf ein Backblech legen, mehrmals mit einer Gabel einstechen, mit Wasser bepinseln und mit der Hälfte der Füllung belegen. Die zweite Platte mit Wasser bepinseln, mit der nassen Seite nach unten auflegen, mehrmals mit einer Gabel einstechen, mit Wasser bepinseln und mit der restlichen Füllung bestreuen. Die dritte Platte ebenfalls mit Wasser bestreichen, mit der nassen Seite nach unten auflegen und mehrmals mit einer Gabel einstechen.

Alles gut festdrücken oder, noch besser, mit einem Brett beschweren und 2 bis 3 Stunden stehenlassen. Den Honigkuchen bei 160 Grad in ca. 30 Minuten backen.

Zucker mit Eiweiß und Zitronensaft glatt rühren und den noch heißen Honigkuchen damit bepinseln. Den Honigkuchen nach kurzem Überkühlen in 1½ mal 3 cm große Schnittchen schneiden.

BASLER LECKERLI

Honig und Zucker so lange im Wasserbad erwärmen, bis der Zucker geschmolzen ist.

Das Mehl mit den Gewürzen mischen; Zitronat, Arancini, Mandeln, die im Kirschwasser verrührte Pottasche und die Honigmischung dazugeben, zu einem Teig kneten, 1 Stunde ruhen lassen.

Den Teig fingerdick auf einem Backblech auswalken. Bei 180 Grad ca. 20 Minuten backen. Zucker und Wasser 3 bis 4 Minuten kochen.

Die noch heiße Kuchenplatte mit der Zuckerlösung bestreichen. Nach kurzem Überkühlen in kleine Rechtecke schneiden (ca. 2 mal 3 cm).

250 g Honig
100 g Zucker
250 g Mehl
1 KL Zimt
1 MSp Nelken
1 MSp Kardamom
1 Prise Salz
40 g Zitronat, gehackt
40 g Arancini, gehackt
120 g Mandeln, geschält, gehackt
½ KL Pottasche
1 EL Kirschwasser
***
2 gehäufte EL Zucker
2 EL Wasser

BIBERLI

Honig, Zucker und Butter im Wasserbad erwärmen, bis der Zucker gelöst ist; abkühlen lassen.

Mehl und Roggenmehl mit dem Gewürz mischen, die Honigmasse und das in Milch gelöste Hirschhornsalz dazugeben, einen glatten Teig kneten, 2 bis 3 Stunden in Folie verpackt ruhen lassen.

Mandeln mit Zucker, Rosenwasser und Eiweiß zu einer geschmeidigen Masse verrühren.

Den Honigteig in 3 Stücke teilen, jedes davon zu einem langen schmalen (7 bis 8 cm), 3 bis 4 mm dicken Rechteck ausrollen.

Die Mandelmasse ebenfalls in 3 Stücke teilen. Jedes dieser Stücke zu einer Rolle in der Länge der Teigstücke formen.

120 g Honig
50 g Zucker
30 g Butter
100 g Mehl
100 g Roggenmehl
1 Prise Salz
1-2 EL Lebkuchengewürz
1 KL Hirschhornsalz
2 EL Milch
***
100 g Mandeln, geschält, gerieben
40 g Zucker
1 KL Rosenwasser
1 Eiweiß
***
Milch
***
1 KL Stärkemehl
1 EL Wasser
1 EL Honig

Die Rollen in die Teigplatten einwickeln; mit der Nahtseite nach unten auf ein Backblech legen, mit einem scharfen Messer zickzack einschneiden, sodass kleine Dreiecke entstehen. Die Biberli mit Milch bepinseln; bei 160 Grad 15 Minuten backen.

Stärkemehl mit kaltem Wasser verrühren, mit Honig mischen, aufkochen. Die noch warmen Biberli mit dieser Mischung bestreichen.

TIPP:

Ich verwende für die Mandelmischung nur ½ Eiweiß und gebe gerade so viel von der Honigmasse dazu, dass die Masse gut formbar wird.

BRAUNE KUCHEN

120 g Rübensirup
50 g Butter
50 g Schweineschmalz
80 g Zucker
250 g Mehl
1 KL Zimt
½ KL Kardamom
½ KL abgeriebene Zitronenschale
1 Prise Piment
1 Prise Nelken
1 Prise Muskat
1 Prise Salz
1 EL Rosenwasser
1 KL Pottasche
* * *
Mandeln, geschält und halbiert

Sirup, Butter, Schmalz und Zucker so lange im Wasserbad erwärmen, bis der Zucker geschmolzen ist.

Das Mehl mit den Gewürzen und der im Rosenwasser gelösten Pottasche mischen. Die Honigmasse dazugeben, alles zu einem glatten Teig verkneten; in Folie packen und über Nacht ruhen lassen.

Den Teig 2 bis 3 mm dick ausrollen, in Rechtecke schneiden (ca. 3 mal 5 cm), in genügend großen Abständen auf ein Backblech legen, mit halbierten Mandeln belegen, bei 160 Grad ca. 15 Minuten backen.

TIPP:

Braune Kuchen können auch in beliebigen Formen ausgestochen werden.

DUNKLE HONIGKUCHEN

Honig und Zucker im Wasserbad erwärmen, bis der Zucker geschmolzen ist.

Das Mehl mit den Gewürzen, der Schokolade und den Haselnüssen mischen. Das in Rum und Wasser gelöste Hirschhornsalz und die Honigmischung dazugeben. Einen glatten Teig kneten, in Folie wickeln und über Nacht ruhen lassen.

Teig zu einem fingerdicken Rechteck auswalken, auf ein Backblech legen, bei 160 Grad ca. 15 Minuten backen.

Eiweiß, Zucker und Zitronensaft zu einem dicken Guss verrühren. Die Kuchenplatte noch heiß in 3 mal 5 cm große Schnitten schneiden, sofort glasieren und, bevor der Guss trocknen kann, einzeln auf eine Folie zum Trocknen legen.

250 g Honig
250 g Zucker
320 g Mehl
1 Prise Salz
1 KL Zimt
½ KL Kardamom
1 Prise Anis
1 Prise Nelken
1 Prise Piment
150 g Schokolade, gerieben
100 g Haselnüsse, gehackt
1 EL Rum
1 EL Wasser
1 KL Hirschhornsalz
* * *
1 Eiweiß
4 gehäufte EL Zucker
2 KL Zitronensaft

HASELNUSSLEBKUCHEN

Eier, Zucker und Gewürze schaumig rühren, Arancini und Haselnüsse einarbeiten.

Die Masse fingerdick auf runde Oblaten streichen, 3 bis 4 Stunden trocknen lassen; bei 160 Grad ca. 20 Minuten backen.

Zucker und geseihten Orangensaft zu einem glatten Guss verrühren. Kuvertüre im Wasserbad schmelzen.

Die Hälfte der noch warmen Lebkuchen mit Orangenglasur bestreichen und mit Schokoladenstreuseln bestreuen. Die restlichen Lebkuchen mit Kuvertüre bestreichen und mit einigen gehobelten Haselnüssen bestreuen.

3 Eier
220 g Zucker
1 Prise Salz
1 KL Zimt
2 MSp Nelken
1 MSp Koriander
75 g Arancini, fein gehackt
380 g Haselnüsse, gerieben
* * *
runde Oblaten
* * *
100 g Zucker
2 EL Orangensaft
Kuvertüre
Schokoladenstreusel
Haselnüsse, gehobelt

Elisenlebkuchen

Eier, Zucker und Gewürze dickschaumig rühren; Zitronat, Arancini und Mandeln einarbeiten. Die dicke Masse ½ bis 1 cm dick auf runde Oblaten streichen; bei 160 Grad hell backen. Zucker mit Orangensaft verrühren, sodass ein dickflüssiger Guss entsteht. Die noch warmen Lebkuchen mit Orangenguss bestreichen.

Tipps: Ich bestreiche die Hälfte des Lebkuchen mit im Wasserbad geschmolzener Kuvertüre. Wer es bunt mag, kann die glasierten Lebkuchen mit bunten Zuckerstreuseln oder mit Schokoladenstreuseln bestreuen.

- 3 Eier
- 300g Zucker
- 1 Paket Vanillezucker
- 1 EL Zimt
- 1 TL Nelken
- 1 Msp Kardamom
- 1 Prise Salz
- 60g Zitronat, gehackt
- 60g Arancini, gehackt
- 300g Mandeln, gerieben
- runde Oblaten
- 130g Zucker
- 2-3 EL Orangensaft

Hornbergs Klassiker

ELISENLEBKUCHEN

Eier, Zucker und Gewürze dickschaumig rühren; Zitronat, Arancini und Mandeln einarbeiten.

Die dicke Masse ½ bis 1 cm dick auf runde Oblaten streichen; bei 160 Grad hell backen.

Zucker mit Orangensaft verrühren, sodass ein dickflüssiger Guss entsteht.

Die noch warmen Lebkuchen mit Orangenguss bestreichen.

TIPPS:

Ich bestreiche die Hälfte der Lebkuchen mit im Wasserbad geschmolzener Kuvertüre.

Wer es bunt mag, kann die glasierten Lebkuchen mit bunten Zuckerstreuseln oder mit Schokoladenstreuseln bestreuen.

---

3 Eier
300 g Zucker
1 Paket Vanillezucker
1 EL Zimt
1 KL Nelken
1 MSp Kardamom
1 Prise Salz
60 g Zitronat, gehackt
60 g Arancini, gehackt
300 g Mandeln, gerieben
***
runde Oblaten
***
120 g Zucker
2-3 EL Orangensaft

HONIGKUCHEN

125 g Honig
50 g Mehl
1 Ei
125 g Zucker
1 Prise Salz
1 KL Zimt
1 MSp Nelken
1 MSp Muskatblüte
1 EL Milch
1 KL Hirschhornsalz
50 g Haselnüsse, gerieben
200 g Mehl
* * *
120 g Zucker
1 EL Rum
1-2 EL heißes Wasser

Den Honig vorsichtig im Wasserbad erwärmen und mit dem Mehl verrühren.

Ei, Zucker und Gewürze schaumig rühren; das in Milch verrührte Hirschhornsalz, die Haselnüsse und das Mehl dazumischen. Mit dem Honigteig verkneten; einige Stunden, besser über Nacht, zugedeckt ruhen lassen.

Den Teig 3 bis 4 mm dick ausrollen, beliebige Figuren ausstechen, bei 180 Grad ca. 20 Minuten backen.

Zucker, Rum und Wasser zu einem glatten Guss verrühren; die Honigkuchen noch warm damit bestreichen.

TIPPS:

Honigkuchen lassen sich besonders gut verzieren: 200 g Zucker mit 1 Eiweiß und einigen Tropfen Zitronensaft so lange rühren, bis eine dicke Glasur entsteht, die man in mehrere Portionen teilt. Eine davon lässt man weiß, die anderen färbt man mit Kakao bzw. Lebensmittelfarben und füllt sie in kleine Pergamentstanitzel. Nach Abschneiden der Spitze kann man die Lebkuchen mit feingespritzten Linien glasieren.

Mir gefällt es sehr gut, wenn man die Honigkuchen vor dem Verzieren gar nicht glasiert oder sie mit gesponnenem Zucker bestreicht.

Hübsch verzierte Honigkuchen sind ein wunderbarer Christbaumschmuck; einfach vor dem Backen ein Papierröhrchen in den Teig stecken, durch das so entstandene Loch kann man dann einen Faden zum Aufhängen des Honigkuchens ziehen.

GEWÜRZTALER

Mehl salzen und mit der Butter abbröseln; Zucker und Honig im Wasserbad leicht erwärmen; Pottasche und Hirschhornsalz in der Milch verrühren.

Sämtliche Zutaten mit Mandeln, Zitronat und Lebkuchengewürz mischen; einen glatten Teig kneten, ½ Stunde ruhen lassen.

Den Teig ca. 4 mm dick auswalken; 3 bis 4 cm große Scheiben ausstechen; bei 130 Grad ca. 15 Minuten backen.

Schokolade und Kokosfett im Wasserbad schmelzen; Zucker und Wasser 5 Minuten kochen (ein auf eine kalte Fläche gegebener Zuckertropfen darf nicht auseinanderrinnen), abkühlen lassen. Löffelweise mit der geschmolzenen Schokolade verrühren, dabei entsteht aus der zunächst bröckligen Masse ein glatter Guss.

Die Taler mit Schokoladenglasur bestreichen und mit halbierten Mandeln, Pinienkernen oder geteilten Pistazien verzieren.

TIPP:
Ich steche außer Talern auch Herzen, Sterne und andere einfache Figuren aus.

300 g Mehl
1 Prise Salz
100 g Butter
120 g Zucker
80 g Honig
½ KL Pottasche
1 KL Hirschhornsalz
3 EL Milch
40 g Mandeln, geschält, gerieben
1 EL Zitronat, fein gehackt
½ Paket Lebkuchengewürz
* * *
200 g Schokolade
20 g Kokosfett
200 g Zucker
125 ml Wasser
* * *
Mandeln oder Pinienkerne oder Pistazien

Lebkuchen-Kürbis-Cupcake

REBOULS
neue
KREATIONEN

LEBKUCHEN-KÜRBIS-CUPCAKE

Dieser Cupcake ist kein Lebkuchen im klassischen Sinne, sondern eine amerikanisch angehauchte Neuinterpretation – und eines meiner Lieblingsrezepte.

Kürbispüree, Öl, braunen Zucker und Eier mischen. Mehl, Backpulver, Natron und Gewürze zusammen sieben. Unter die Kürbismasse mischen.
In kleine Metall- oder Papier-Muffinformen füllen und bei 180 Grad ca. 10 Minuten backen. Abkühlen lassen.
Für das Topping alle Zutaten bei Raumtemperatur schaumig schlagen. Mit einer Sterntülle auf die Cupcakes dressieren und mit silbernen Zuckerperlen dekorieren.

TIPP:
Anders als die meisten anderen weihnachtlichen Köstlichkeiten sollte man Weihnachts-Cupcakes im Kühlschrank aufbewahren.

250 g Kürbis, geröstet, püriert*
120 ml Sonnenblumenöl
260 g brauner Zucker
2 Eier
200 g Mehl
2 g Backpulver
2 g Natron
1 Prise Zimt
1 Prise Muskatnuss
1 Prise Nelkenpulver
* * *
TOPPING:
200 g Butter
100 g Frischkäse
40 g Staubzucker
* * *
silberne Liebesperlen

* Kürbis verliert an Gewicht, deswegen besser mehr rösten und anschließend wiegen. Im Fachhandel ist Kürbispüree auch fertig erhältlich.

INNVIERTLER GEWÜRZSCHNITTEN

2 Eier
2 EL warmes Wasser
160 g Zucker
40 g Honig
1 Prise Salz
2 EL Lebkuchengewürz
80 g Schokolade, gerieben
80 g Mandeln, gehackt
40 g Arancini, gehackt
1 EL Rum
1 EL Wasser
1 KL Pottasche
140 g Mehl
* * *
Kuvertüre
Mandeln, geschält, gehackt

Eier, Wasser und Zucker miteinander schaumig rühren. Den leicht erwärmten Honig, das Gewürz, Schokolade, Mandeln und Arancini dazumischen. Zuletzt die in Rum und Wasser gelöste Pottasche und das Mehl einarbeiten.

Die Masse fingerdick auf ein Backblech streichen (geht am besten mit einem vorher in kaltes Wasser getauchten Löffelrücken); bei 160 Grad ca. 15 Minuten backen. Die Kuvertüre im Wasserbad schmelzen.

Die Lebkuchenplatte mit der Kuvertüre bestreichen, mit gehackten Mandeln bestreuen und sofort in ca. 3 mal 4 cm große Schnitten schneiden.

KATHRINCHEN

100 g Honig
50 g Zucker
25 g Butter
1 Eigelb
30 g Zucker
½ Paket Lebkuchengewürz
abgeriebene Schale von 1 Zitrone
1 EL Rosenwasser
1 KL Pottasche
250 g Mehl

Den Honig, den Zucker und die Butter so lange im Wasserbad erwärmen, bis der Zucker geschmolzen ist. Eigelb, Zucker, Gewürz und Zitronenschale schaumig rühren, die im Rosenwasser gelöste Pottasche dazugeben.

Mehl, Honigmasse und Schaummasse verkneten; in Folie verpackt einige Stunden (noch besser über Nacht) stehenlassen.

Den Teig 4 bis 5 mm dick auswalken; Kathrinchen ausstechen (besitzen Sie keine Kathrinchenform, so können Sie den Teig in ca. 2 mal 5 cm große Rechtecke schneiden). Auf ein Backblech legen, bei 180 Grad in 15 bis 20 Minuten backen.

TIPP:

Ich glasiere die fertigen Kathrinchen mit einem dünnen Zitronenguss: 4 gehäufte Esslöffel Zucker mit 1 Esslöffel Zitronensaft und 2 Esslöffel heißem Wasser verrühren.

LEBKUCHENBUSSERL

Eier und Zucker schaumig rühren, den leicht erwärmten Honig, Salz und die Gewürze dazurühren, die mit Milch verrührte Pottasche und zuletzt das Mehl dazugeben; alles zu einem glatten Teig verkneten, über Nacht ruhen lassen.

Den Teig fingerdick auswalken, Busserl ausstechen (2½ bis 3 cm große Scheiben), bei 160 Grad ca. 12 Minuten backen.

Zucker und Wasser 5 Minuten kochen. Die Lebkuchenbusserl in eine Schüssel geben, mit der heißen Zuckerlösung übergießen, gut umrühren; auf ein Stück Folie zum Trocknen legen.

TIPP:

Die Lebkuchenbusserl können auch mit Zitronenglasur oder Kuvertüre bestrichen werden.

2 Eier
180 g Zucker
60 g Honig
1 MSp Salz
1 MSp Piment
1 MSp Nelken
1 MSp Muskatblüte
½ KL Kardamom
1 EL Orangenschale, fein gehackt
abgeriebene Schale von ½ Zitrone
1 EL Milch
2 KL Pottasche
320 g Mehl
* * *
140 g Zucker
5 EL Wasser

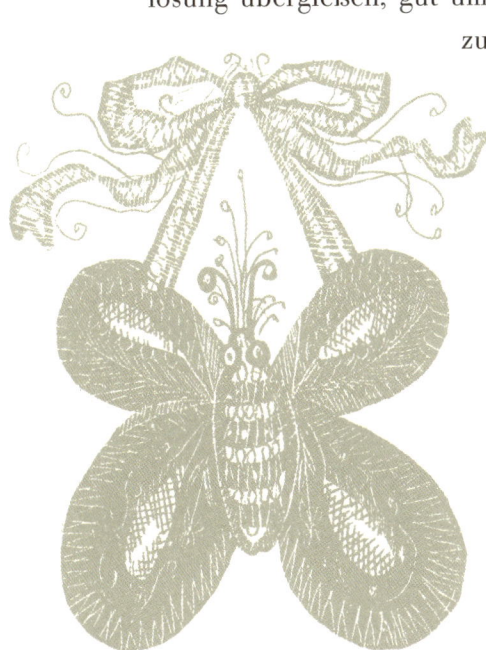

LEBZELTEN

250 g Honig
50 g Zucker
40 g Butter
280 g Mehl
50 g Haselnüsse, gerieben
3 EL Zitronat, fein gehackt
1 KL Zimt
1 MSp Ingwer
2 MSp Kardamom
1 MSp
Schale von ½ Zitrone
2 EL Kirschwasser
1 KL Pottasche
* * *
1 KL Rosenwasser
1 Eigelb
* * *
Mandeln, geschält, halbiert
kandierte Kirschen

Honig, Zucker und Butter miteinander im Wasserbad erwärmen.

Das Mehl mit Haselnüssen, Zitronat und Gewürzen vermischen. In Kirschwasser gelöste Pottasche und die Honigmischung dazugeben. Einen glatten Teig kneten, in Folie verpackt über Nacht ruhen lassen.

Den Teig fingerdick auswalken, auf ein Backblech legen, einige Male mit einer Gabel einstechen, mit dem mit Rosenwasser verquirlten Eigelb bestreichen und mit halbierten Mandeln und geviertelten kandierten Kirschen belegen.

Bei 160 Grad hellbraun backen (ca. 15 Minuten). Die noch warme Platte in ca. 3 mal 5 cm große Rechtecke schneiden.

TIPP:

Ich markiere mir die späteren Schnittstellen vor dem Belegen der Lebkuchenplatte; sie lässt sich besser teilen, wenn man nicht durch Mandeln und Kirschen schneiden muss.

MURTALER LEBKUCHENHERZEN

250 g Honig
50 g Butter
240 g Roggenmehl
1 Prise Salz
1 Prise Ingwer
1 Prise Nelken
1 Prise Muskat
1 EL Lebkuchengewürz

Honig und Butter im Wasserbad erwärmen. Roggenmehl mit Salz und allen Gewürzen, Arancini, Mandeln und der im Kirschwasser gelösten Pottasche mischen. Die Honigmischung dazugeben, einen glatten Teig kneten; in Folie verpackt 2 Tage ruhen lassen.

Den Teig 5 bis 6 mm dick auswalken, Herzen ausstechen,

mit Milch bepinseln, mit halbierten Mandeln belegen, bei 150 Grad hell backen.

TIPP:

Sehr schön werden die Herzen, wenn man sie vor dem Backen mit verquirltem Eigelb bestreicht und erst dann mit Mandeln belegt.

3 EL Arancini, fein gehackt
50 g Mandeln, gerieben
1 EL Kirschwasser
1 KL Pottasche
* * *
Milch
Mandeln, geschält, halbiert

NELKENKUCHEN

Honig und Butter zusammen im Wasserbad erwärmen. Eier und Zucker schaumig rühren, mit der abgekühlten Honigmischung vermengen.

Mehl und Backpulver auf ein Brett sieben, Gewürze, Korinthen und zuletzt die Ei-Honig-Mischung dazugeben. Einen glatten Teig kneten, in Folie wickeln und einige Stunden, besser über Nacht, ruhen lassen. Den Teig 2 bis 3 mm dick ausrollen und 3 mal 5 cm große Rechtecke schneiden; auf ein Backblech geben.

Eiweiß und Milch miteinander verquirlen, die Nelkenkuchen damit bestreichen und mit halbierten Mandeln (eventuell noch mit halbierten kandierten Kirschen) belegen. Bei 160 Grad in ca. 15 Minuten backen.

TIPP:

Ich lasse die Hälfte der Nelkenkuchen unbestrichen und bestreiche sie erst nach dem Backen mit geschmolzener Kuvertüre; als Verzierung verwende ich dann zum Teil halbierte Mandeln, zum Teil bunte Zuckerstreusel oder Liebesperlen.

60 g Honig
20 g Butter
2 Eier
180 g Zucker
370 g Mehl
½ Paket Backpulver
½ KL Zimt
1 KL Nelken
½ KL Kardamom
1 Prise Salz
50 g Korinthen, gehackt
* * *
1 Eiweiß
2 EL Milch
Mandeln, geschält, halbiert
kandierte Kirschen
nach Wunsch

Familie Perchtolds herzliche Weihnacht

REBOULS
neue
KREATIONEN

FAMILIE PERCHTOLDS HERZLICHE WEIHNACHT

Da Ulrike Hornberg schon so viele verschiedene, einzigartige Lebkuchenrezepte gesammelt hat, habe ich versucht, etwas anders an dieses Thema heranzugehen. „Familie Perchtolds herzliche Weihnacht" ist einfach, aber sehr raffiniert und ergänzt die anderen Rezepte meiner Meinung nach sehr gut.

Rosinen, Aranzini und Zitronat in der Küchenmaschine mit dem Hackmesser ganz fein hacken. Butter, Zucker und Gewürze in Küchenmaschine mit dem Bischof schaumig rühren, Eier nach und nach beigeben. Alle restlichen Zutaten sowie die Rosinenmischung zu der Butter-Ei-Masse geben und vermischen. Den Teig in Folie wickeln und kühl stellen.

Arbeitsfläche gut stauben und den Teig auf 4 mm ausrollen. Mit festlichen Ausstechern ausstechen und auf ein mit Backpapier ausgelegtes Backblech legen. Mit Milch bepinseln, bei 170 Grad ca. 10 Minuten backen. Abkühlen lassen und nach Wunsch verzieren.

TIPP:
Einen Teil halb in Milchkuvertüre tunken und mit kandierten Veilchen bestreuen. Den anderen mit Spritzglasur und bunten Zuckerperlen verzieren.

FÜR CA. 100 STÜCK:
200 g Rosinen
200 g Aranzini
200 g Zitronat
140 g Butter
360 g Zucker
8 g Zimt
4 g Salz
1 Prise Nelken
4 Eier
15 g Kakao
400 g Haselnussgrieß
300 g Mehl
3 g Backpulver
50 g Milch
* * *
Mehl für die Arbeitsfläche
Milch zum Bestreichen

NÜRNBERGER LEBKUCHEN

250 g Zucker
4 Eier
1 Prise Salz
1 KL Zimt
1 KL Kardamom
1 MSp Nelken
1 Prise Muskatblüte
50 g Arancini
50 g Zitronat
100 g Mandeln, geschält
100 g Haselnüsse
½ KL Hirschhornsalz
1 EL Milch
200 g Mehl
* * *
runde Oblaten (4-5 cm)
* * *
4 gehäufte EL Zucker
1 Eiweiß
1-2 KL Zitronensaft

Zucker, Eier, Salz und Gewürze schaumig rühren. Arancini, Zitronat, Mandeln und Haselnüsse hacken und dazugeben.

Hirschhornsalz in der Milch verrühren und zusammen mit dem Mehl zur Schaummasse geben. Die Masse ca. 1 cm dick auf Oblaten streichen (sie darf nicht mehr rinnen, notfalls noch etwas Mehl einarbeiten), mindestens 12 Stunden ruhen lassen, dann bei 160 Grad hellbraun backen (ca. 15 Minuten).

Zucker mit Eiweiß und Zitronensaft zu einem glatten Guss verrühren und die noch warmen Lebkuchen damit bepinseln.

TIPP:
Die Lebkuchen können noch zusätzlich mit halbierten Mandeln belegt oder mit bunten Zuckerstreuseln oder Liebesperlen bestreut werden.

Es wird Weihnachten! Mein ganzes Haus riecht schon nach braunem Kuchen – versteht sich nach Mutters Rezept – und ich sitze sozusagen schon seit einer Woche im Scheine des Tannenbaums. Ja, wie ich den Nagel meines Daumens besehe, so ist auch der schon halbwegs vergoldet. Denn ich arbeite jetzt abends nur in Schaumgold, Knittergold und bunten Bonbonpapieren …

Die Weihnachtszeit ist doch noch grade so schön, wie sie in meinen Kinderjahren war …

THEODOR STORM
BRIEF AN SEINE ELTERN, DEZEMBER 1856

PFEFFERNÜSSE

Sirup, Schmalz und Zucker im Wasserbad erwärmen, sodass eine geschmeidige Masse entsteht.
Mehl mit Mandeln, Zitronat, Zitronenschale, sämtlichen Gewürzen und dem im Kirschwasser gelösten Hirschhornsalz mischen. Sirupmasse dazugeben, einen glatten Teig kneten, in Folie packen und über Nacht ruhen lassen.
Aus dem Teig Rollen in der Stärke eines Euro formen, gut fingerdicke Stücke abschneiden, nussgroße Bällchen formen, auf ein Backblech setzen und so flach drücken, dass kleine Berge entstehen. Bei 160 Grad in 10 bis 15 Minuten backen.
Zucker mit Eiweiß und Zitronensaft zu einem dicken Guss verrühren; die Pfeffernüsse nach dem Abkühlen damit bepinseln.

TIPP:
Ich bestreiche einen Teil der Pfeffernüsse mit geschmolzener Kuvertüre.

125 g Rübensirup
50 g Schmalz
50 g Zucker
80 g Roggenmehl
50 g Mandeln, gerieben
1 EL Zitronat, fein gehackt
abgeriebene Schale
   von ½ Zitrone
½ KL Zimt
½ KL Kardamom
½ KL Piment
1 Prise Muskat
1 EL Kirschwasser
1 KL Hirschhornsalz
* * *
3 gehäufte EL Zucker
½ Eiweiß
1 EL Zitronensaft

SCHLESISCHE LECKERBISSEN

Honig, Zucker und Butter im Wasserbad erwärmen, bis der Zucker gelöst ist; mit Ei, Haselnüssen, Kakao, Gewürzen und Salz verrühren. Hirschhornsalz im Kaffee auflösen und mit dem Mehl dazugeben. Zu glattem Teig kneten, mindestens 5 Stunden ruhen lassen. Ca. 3 mm dick auswalken, auf einem Blech bei 180 Grad 15 bis 20 Minuten backen.

125 g Honig
100 g Zucker
20 g Butter
1 Ei
50 g Haselnüsse, gerieben
1 KL Kakao
1 KL Zimt
1 MSp Nelken
1 MSp Kardamom

1 MSp Muskatblüte
1 Prise Salz
4 EL Kaffee
2 KL Hirschhornsalz
350 g Mehl
* * *
120 g Mandeln, geschält
und fein gerieben
120 g Zucker
½ Eiweiß
1-2 EL Rosenwasser
2 KL Maizena
* * *
Himbeermarmelade
* * *
300 g Schokolade
30 g Kokosfett

Mandeln mit Zucker, Eiweiß, Rosenwasser und Maizena verrühren, sodass eine formbare Masse entsteht; in der Größe der halben Kuchenplatte auswalken.

Die Kuchenplatte nach dem Abkühlen halbieren; beide Teile mit Himbeermarmelade zusammensetzen, an der Oberseite ebenfalls mit Himbeermarmelade bestreichen und mit der „Marzipanplatte" belegen. Mit einem Brett beschweren und über Nacht ziehen lassen.

Die zusammengesetzte Platte in ca. 2 mal 2 cm große Würfel schneiden. Die Schokolade mit dem Kokosfett im Wasserbad schmelzen; die Leckerbissen eintauchen und zum Trocknen auf ein Gitter oder auf ein Stück Alufolie geben.

SCHOKOLADEN-LEBKUCHEN

3 Eiweiß
220 g Zucker
1 Prise Salz
1 MSp Zimt
1 MSp Kardamom
1 Prise Nelken
1 Prise Piment
1 Prise Anis
30 g Zitronat, gehackt
100 g Schokolade, gerieben
150 g Haselnüsse, gerieben
50 g Mehl
* * *
runde Oblaten (4-5 cm)
* * *
Kuvertüre
Haselnüsse, in Scheiben
geschnitten oder gehobelt

Eiweiß steif schlagen, Zucker löffelweise dazugeben. Salz, Gewürze, Zitronat und Schokolade unter den Schnee heben; Haselnüsse und Mehl einrühren.

Die Masse kleinfingerdick auf Oblaten streichen. Bei 160 Grad 15 bis 20 Minuten backen. Kuvertüre im Wasserbad schmelzen.

Die abgekühlten Lebkuchen mit Kuvertüre bepinseln, mit einer Haselnussscheibe belegen oder mit gehobelten Haselnüssen bestreuen.

TIPP:
Ich bestreiche einen Teil der Schokoladenlebkuchen mit Zitronenglasur: 4 Esslöffel Zucker mit 2 Kaffeelöffeln Zitronensaft und gerade so viel heißem Wasser verrühren, dass ein glatter Guss entsteht.

WEISSE MANDEL-LEBKUCHEN

Eiweiß mit Zitronensaft steif schlagen, den Zucker löffelweise dazugeben und weiterschlagen, bis der Schnee glänzend und schnittfest geworden ist. Geschmackszutaten und Gewürze unter den Schnee heben; die Mandeln dazumischen.
Die weiche Masse auf kleine runde Oblaten streichen; mit halbierten Mandeln belegen; bei 160 Grad in 15 bis 20 Minuten hell backen.

TIPP:
Die Mandellebkuchen können noch mit einer dünnen Zitronenglasur bestrichen werden: 3 Esslöffel Staubzucker mit 1 Kaffeelöffel Zitronensaft und 2 Esslöffeln Wasser aufkochen.

3 Eiweiß
einige Tropfen Zitronensaft
200 g Zucker
1 EL Arancini, gehackt
1 EL Zitronat, gehackt
1 EL Mandeln, geschält, gehackt
1 MSp Nelken
1 MSp Zimt
2 MSp Kardamom
1 Prise Muskatblüte
1 Prise Piment
150 g Mandeln, geschält, gerieben
* * *
kleine runde Oblaten
Mandeln, geschält, halbiert

ALLERLEI
AUS ZUCKER
UND EI

EIER UND ZUCKER schaumig gerührt, mit Nuss- und Mandelkernen, Gewürzen und Mehl zu kleinen Köstlichkeiten verarbeitet: Diese Bäckereien gehören neben den Lebkuchen zu den traditionsreichsten Weihnachtsgebäcken. Viele Familien bewahren Rezepte, die von Generation zu Generation weitergereicht und wie ein Schatz gehütet werden.

Eines der schönsten Beispiele sind die Springerle: Jedes Jahr erfreuen wir uns an den reizenden Täfelchen. Heute kauft man die dafür benötigten Model. Früher ließen sich viele Familien „ihre" Motive, wie Wappen, bestimmte Blumen oder Vögel, aber auch geometrische Figuren, in die Model schnitzen. Solches Backwerk, oft noch zusätzlich bemalt, war als Geschenk beliebt und unverwechselbar in der Herkunft.

Nach neueren Rezepten zubereitete Eierschaumbäckerei ist meist lockerer, luftiger als nach alter Tradition zubereitetes Backwerk, es enthält im Verhältnis mehr Eier und hat einen biskuitähnlichen Charakter. Eierschaumbäckerei hat zwei große Vorteile: Sie ist leicht und schnell herzustellen, und sie ist, richtig aufbewahrt, lange haltbar.

Bei der Zubereitung von Eierschaumgebäck ist nur eines wichtig: Die Masse muss wirklich dickschaumig gerührt werden, d. h. sie muss cremig und fast weiß sein. Dauerte das früher, beim Rühren von Hand, mindestens 20 bis 30 Minuten, so ist es heute ein Vorgang von wenigen Minuten. Alles

Weitere ist dann ein Kinderspiel. Zu beachten ist lediglich: Sind die Eier sehr groß, muss man eventuell noch etwas Mandeln (Nüsse, Mehl ...) zugeben, sind sie besonders klein, helfen einige Tropfen Wasser oder – besser – Rum, Kirschwasser oder Ähnliches.

Eierschaumbäckerei wird am besten auf Backtrennpapier gebacken und ist fertig gebacken, wenn sie sich leicht vom Papier lösen lässt. Sollte sie doch einmal fester haften, zieht man den ganzen Bogen mit der Bäckerei auf ein feuchtes Tuch.

Eierschaumbäckerei wird unmittelbar nach dem Backen hart. Man gibt sie daher am besten in eine offene Dose, die man an einen kühlen, möglichst feuchten Ort stellt. Steht kein solcher Raum zur Verfügung, gibt man ein Stückchen Apfel, einige Orangenschalen oder einige Kartoffelscheiben zu dem Gebäck (bitte auf ein Stückchen Folie legen und alle 1 bis 2 Tage wechseln) und schließt die Dose gut. Ist das Gebäck genügend weich, wird es in gut geschlossener Dose aufbewahrt.

ANISKRAPFEN

Die Eiweiß steif schlagen, die Hälfte des Zuckers dazugeben, weiterschlagen, bis der Schnee schnittfest geworden ist.

Eigelb mit dem restlichen Zucker und den Gewürzen schaumig rühren, mit dem Schnee mischen. Mehl und Stärkemehl darübersieben und vorsichtig unterziehen.

Die Masse in einen Spritzsack mit großer Lochtülle füllen; kirschgroße Punkte auf ein Backblech spritzen; über Nacht trocknen lassen.

Bei 150 Grad blass backen (15 bis 20 Minuten).

TIPP:
Ich bestreue die Aniskrapfen vor dem Backen noch mit etwas ganzem Anis.

2 Eier, getrennt
120 g Zucker
1 Paket Vanillezucker
1 Prise Salz
1 EL Anis, gemahlen
100 g Mehl
50 g Stärkemehl

Orangen-Mandel-Schindeln

REBOULS *neue* KREATIONEN

ORANGEN-MANDEL SCHINDELN

Alle Zutaten für den Katzenzungenteig bei Zimmertemperatur mischen; in einen Dressiersack mit kleiner Lochtülle füllen. Auf ein mit einer Silikonmatte ausgelegtes Backblech Ringe mit 6 cm Durchmesser dressieren.

Staubzucker, Orangenzesten und Orangensaft mischen, Butter dazugeben und mit einem Schneebesen verrühren. Restliche Zutaten dazugeben, alles gut vermischen. Einige Stunden oder über Nacht ruhen lassen, dann verläuft die Masse beim Backen weniger.

Mit einem Kaffeelöffel etwas Masse in die Mitte der vorbereiteten Ringe geben und mit den Fingern leicht flach drücken, bis ca. 1 cm vor dem Ring (beim Backen verläuft die Masse bis zum Ring).

Die Masse auf die Ringe aufteilen. Bei 180 Grad ca. 10 Minuten goldbraun backen. Ringe aus dem Ofen nehmen und nach 1 Minute, solange sie noch weich und formbar sind, über ein Rollholz legen, sodass sie Schindelform bekommen.

Nach dem Auskühlen sofort in eine Dose geben und verschließen, da sie sehr schnell Feuchtigkeit ziehen.

TIPP:
Dressieren Sie nicht zu viele Ringe auf ein Blech, sonst können Sie die Schindeln später schwer formen.

FÜR 100 STÜCK:

KATZENZUNGENTEIG:
100 g Butter
100 g Staubzucker
100 g Eiweiß
75 g Mehl
* * *
200 g Staubzucker
Zesten von einer Orange, gerieben
70 ml Orangensaft
75 g flüssige Butter (nicht mehr als 30 Grad)
50 g Mehl
25 g Mandeln, gehackt
75 g Mandeln, gehobelt

ANISSCHARTEN

2 Eier
120 g Zucker
1 KL Anis, gemahlen
1 Prise Salz
60 g Mehl
* * *
Anis

Eier mit Zucker, Anis und Salz schaumig rühren; Mehl darübersieben und vorsichtig unterziehen.

Nussgroße Häufchen auf ein mit Backtrennpapier ausgelegtes Backblech spritzen; das Blech so nach allen Seiten neigen, dass die Häufchen auseinanderfließen; in die Mitte der Scheiben etwas Anis streuen.

Die Scheibchen bei 200 Grad so backen, dass sie in der Mitte goldgelb und am Rand braun sind. Sofort vom Blech nehmen und noch heiß über einen Kochlöffel biegen.

TIPP:
Nicht zu viele „Scharten" auf einmal backen, sonst kann man sie nicht schnell genug vom Blech nehmen; dann werden sie hart und lassen sich nicht mehr biegen.

BERLINER BROT

2 Eier
2 EL warmes Wasser
2 EL Rum
250 g Zucker
½ KL Piment
1 EL Zimt
1 Prise Nelken
abgeriebene Schale von 1 Zitrone
100 g Schokoladenblättchen
100 g Haselnüsse, gehackt
50 g Zitronat, gehackt
1 KL Backpulver
240 g Mehl
* * *
Kuvertüre

Eier, Wasser, Rum, Zucker, Gewürze und Zitronenschale schaumig rühren; Schokolade, Haselnüsse und Zitronat dazugeben, mit Backpulver gemischtes Mehl darübersieben, einarbeiten.

Den weichen Teig ½ bis 1 cm dick auf ein Backblech drücken; bei 180 Grad ca. 15 Minuten backen.

Die Kuchenplatte verkehrt auf ein Brett stürzen und nach kurzem Überkühlen in fingerbreite, 4 bis 5 cm lange Stangen schneiden.

Kuvertüre im Wasserbad schmelzen. Die abgekühlten Stangen an beiden Enden eintauchen.

Anisscharten

BESCHWIPSTE MANDELBRÖTCHEN

2 Eier
100 g Zucker
1 Paket Vanillezucker
1 Prise Salz
100 g Schokolade, gerieben
120 g Mandeln, geschält, gerieben
20 g Mehl
* * *
Zucker

Mandeln mit Zucker, Zitronen- und Orangenschale und Gewürzen mischen, mit dem Ei zu einem Teig verkneten.

Eine daumendicke Rolle formen, leicht flachdrücken und in ca. 2 cm große Stücke schneiden; hei 150 Grad in 10 bis 15 Minuten hell backen.

Zucker und Wasser zu Sirup kochen, abkühlen lassen, mit Orangenlikör mischen.

Das noch warme Gebäck im Orangensirup wenden; zum Abtropfen auf ein Gitter legen; mit Zucker bestreuen.

ELISABETHTALER

1 Ei
1 Eigelb
125 g Zucker
1 Prise Salz
abgeriebene Schale von 1 Zitrone
1–2 KL frischer Ingwer, gerieben
1–2 EL kandierter Ingwer, fein gehackt
2 KL Kirschwasser
1 MSp Hirschhornsalz
150 g Mehl
* * *
Kuvertüre

Eier, Zucker, Gewürze und Schokolade gut verrühren; Mehl und Mandeln einarbeiten, kurz ruhen lassen.

Von der sehr weichen Masse kirschgroße Häufchen auf ein Backblech setzen (genügend Abstand lassen!); bei 180 Grad in 10 bis 15 Minuten backen.

Die Taler sofort vom Blech nehmen und an der Oberseite in Zucker tauchen.

TIPP:
Ich tauche einen Teil der abgekühlten Taler zur Hälfte in Kuvertüre oder Zitronenglasur.

FREUNDERLN

Eier, Zucker, Zitronensaft und -schale sowie Salz dickschaumig rühren, das Mehl darübersieben und zusammen mit den Nüssen, den Rosinen und der Schokolade unter die schaumige Masse mischen.

Den dickflüssigen Teig fingerdick auf ein mit Backtrennpapier ausgelegtes Backblech streichen. Bei 180 Grad auf der untersten Einschubleiste 15 bis 20 Minuten backen.

Die Kuchenplatte umgedreht auf ein Brett legen und das Papier abziehen. Wieder umdrehen; nach kurzem Überkühlen in daumenbreite, ca. 4 cm lange Stücke schneiden.

2 Eier
100 g Zucker
2 KL Zitronensaft
abgeriebene Schale
  von 1 Zitrone
1 Prise Salz
70 g Mehl
80 g Walnüsse, gehackt
80 g Rosinen
50 g Schokolade,
grob geschnitten

GEDULDSZELTLE

Eier mit Zucker, Vanillezucker, Salz und Zitronenschale dickschaumig rühren; das Mehl darübersieben, unter die Schaummasse heben.

Den dickflüssigen Teig in einen Spritzsack mit mittlerer Lochtülle füllen, jeweils 2 Punkte eng nebeneinander auf ein Backblech spritzen.

Die Zeltle mindestens 5 Stunden, noch besser über Nacht, trocknen lassen. Bei 130 Grad sehr hell backen (15 bis 20 Minuten).

2 Eier
100 g Zucker
1 Paket Vanillezucker
1 Prise Salz
abgeriebene Schale
  von 1 Zitrone
120 g Mehl

Schoko-Himbeer-Moeulleux

REBOULS
neue
KREATIONEN

SCHOKO-HIMBEER-MOELLEUX

Ich mag dieses Rezept sehr: weil man damit verunglückte Kekse wunderbar verarbeiten, weil man die Moelleux tiefkühlen und gut vorbereiten kann, und vor allem, weil sie fruchtig und schokoladig zugleich sind.

In einer Küchen-Hackmaschine Butter, Zucker und Invertzucker mixen; Eier und Obers dazumixen. Wenn alles homogen ist, restliche Teigzutaten dazugeben und abermals mixen. Es sollen noch grobe Nuss- und Schokostückchen erhalten bleiben.
Einen verstellbaren Rahmen (20 x 30 cm) mit Backpapier umhüllen, an den Seiten einschlagen und mit Dotter ankleben, damit die Masse nicht auslaufen kann. Masse eingießen und bei 160 Grad 40 Minuten backen.
Himbeeren auftauen lassen. Einen Teil passieren, sodass man 250 g Himbeerpüree mit wenig Kernen erhält.
50 g Zucker mit dem Pektin mischen. Himbeerpüree auf 40 Grad erwärmen, die Pektin-Zucker-Mischung untermischen und aufkochen. Wenn das Püree gekocht hat, restlichen Zucker, Glukose und Zitronensäure dazugeben und auf 106 Grad weiter kochen. Noch heiß auf die gebackene Masse gießen und mit einer Winkelpalette verstreichen (Vorsicht, wird schnell fest). Abkühlen lassen und in Rechtecke von 3 x 2 cm schneiden.

TIPP:
Vor dem Schneiden tiefkühlen und gefroren schneiden, das geht einfacher.

TEIG:
180 g Butter
225 g Zucker
50 g Invertzucker
7 Eier
170 ml Obers
300 g Haselnüsse
180 g Keksbrösel
300 g backfeste
 Schokotropfen
* * *
Dotter für die Form
* * *
HIMBEER-GELEE:
500 g TK-Himbeeren
300 g Zucker
5 g Apfelpektin
60 g Glukose
1 Prise Zitronensäure,
 in einem Schluck
 Wasser aufgelöst

HASELNUSSBRÖTLI

2 Eier
250 g brauner Zucker
1 Paket Vanillezucker
1 Prise Salz
abgeriebene Schale
von 1 Zitrone
300 g Haselnüsse, gerieben
* * *
ganze Haselnüsse
* * *
4 gehäufte EL Zucker
1 EL Kirschwasser
2 EL heißes Wasser

Eier, Zucker, Vanillezucker, Salz und Zitronenschale dickschaumig rühren und mit den geriebenen Haselnüssen mischen.

Mit nassen Händen nussgroße Kugeln formen, auf ein Backblech legen, mit dem Daumen flach und gleichzeitig etwas in die Länge drücken.

Auf jedes Brötli eine Haselnuss geben. Bei 160 Grad ca. 15 Minuten backen.

Zucker mit Kirschwasser und Wasser zu einem glatten Guss rühren und die noch warmen Brötli damit bepinseln.

INGWERBRÖTCHEN

1 Ei
1 Eigelb
125 g Zucker
1 Prise Salz
abgeriebene Schale
von 1 Zitrone
1–2 KL frischer Ingwer,
gerieben
1–2 EL kandierter Ingwer,
fein gehackt
2 KL Kirschwasser
1 MSp Hirschhornsalz
150 g Mehl
* * *
Kuvertüre

Ei und Eigelb mit Zucker, Salz, Zitronenschale und den Gewürzen dickschaumig rühren, das im Kirschwasser gelöste Hirschhornsalz dazumischen, das Mehl einarbeiten.

Den sehr weichen Teig in einen Spritzsack mit mittlerer Lochtülle (Größe 6) füllen; 2 bis 3 cm lange Brötchen auf ein Backblech spritzen und diese mit einem Messerrücken 3- oder 4-mal schräg einkerben. Bei 160 Grad in ca. 15 Minuten blass backen.

Kuvertüre im Wasserbad schmelzen. Die ausgekühlten Brötchen an einem Ende damit überziehen.

HORNBERGS KLASSIKER

KOKOSBERGE

Eier, Zucker, Orangenschale und -likör sowie Koriander dickschaumig rühren, mit den Kokosraspeln mischen. Mit 2 Kaffeelöffeln nussgroße Häufchen auf ein Backblech setzen, mit einem Stück kandierter Orangenschale belegen (oder mit gehackten Arancini bestreuen). Bei 150 Grad in 15 bis 20 Minuten goldgelb backen.

2 Eier
200 g Zucker
1 KL abgeriebene Orangenschale
2 KL Orangenlikör
1 MSp Koriander
250 g Kokosraspeln
* * *
kandierte Orangenschale oder Arancini, gehackt

Zitronen-Sablé

REBOULS *neue* KREATIONEN

ZITRONEN-SABLÉ

Für den Teig in einer Küchenmaschine kurz die sehr weiche Butter, Zesten und Staubzucker mit einem Bischof mischen. Die Eier langsam dazugeben, die Masse soll nicht zu lange gerührt werden. Mehl und Stärke zusammen sieben und dazugeben, nur noch kurz mischen.

Mit Hilfe einer runden Schablone mit 4 cm Durchmesser und 2 mm Höhe die Masse mit einer Winkelpalette auf eine Silikonmatte streichen. Schablone vorsichtig entfernen und die Silikonmatte auf ein Backblech ziehen. Bei 160 Grad 14 Minuten backen, das Gebäck soll nur leicht an den Seiten Farbe bekommen.

Für die Füllung 125 g Butter, Zucker, Eier und Obers in einen Topf geben und unter ständigem Rühren zum Kochen bringen. Abkühlen lassen.

Zitrone in Scheiben schneiden, Kerne entfernen. Mit dem Zitronensaft und der Glukose in der Küchenmaschine ganz fein hacken. Durch ein grobes Sieb passieren und zu der gekochten, abgekühlten Masse geben. Restliche Butter mit dem Invertzucker aufschlagen und gut mit der Füllungsmasse vermischen.

Die Kekse füllen und zusammensetzen. Kuvertüre vorsichtig schmelzen, mit einer Spritztüte feine Kreise über das Gebäck ziehen. Mit geriebenen Pistazien bestreuen.

TIPP:
Wenn die Masse zu lange gerührt wird, verliert sie beim Backen die Form und wird sehr hart.

FÜR CA. 100 STÜCK:

TEIG:
250 g Butter
Zesten von 2 Zitronen
150 g Staubzucker
100 g Eier
250 g Mehl
50 g Weizen- oder Maisstärke
* * *
FÜLLUNG:
250 g weiche Butter
125 g Zucker
50 g Eier
25 ml Obers
1 Bio-Zitrone
50 ml Zitronensaft
75 g Glukose
25 g Invertzucker
* * *
weiße Kuvertüre
Pistazien, gerieben

LUISENBRÖTCHEN

2 Eier
250 g Zucker
1 Paket Vanillezucker
1 Prise Salz
½ KL Zimt
1 MSp Muskat
5 Tropfen Bittermandelaroma
Saft und Schale von 1 Zitrone
300 g Mandeln, gerieben
* * *
4 EL Zucker
1 EL Rum
1-2 EL heißes Wasser

Eier, Zucker, Vanillezucker, Salz, Gewürze und Zitronensaft sowie -schale dickschaumig rühren; Mandeln einarbeiten, einen Teig kneten.

Daumendicke Rollen formen, in 1 bis 2 cm große Stücke schneiden. Aus jedem Stück ein längliches Brötchen formen, mit einem dicken Messerrücken mehrmals schräg einkerben; bei 160 Grad ca. 15 Minuten backen.

Zucker mit Rum und Wasser zu glattem Guss verrühren und die abgekühlten Brötchen damit bestreichen.

TIPP:

Der Guss kann mit Lebensmittelfarbe hellrosa gefärbt werden – Vorsicht, nur wenig Farbe verwenden, sie ist sehr intensiv!

MANDELSTÄBCHEN

30 g Mandeln, geschält, gehackt
20 g Mandeln, geschält, gerieben
20 g Zucker
* * *
3 Eigelb
140 g Zucker
1 Paket Vanillezucker
5 Eiweiß
1 Prise Salz
100 g Mehl
* * *
Kuvertüre

Mandeln und Zucker mischen, in einer beschichteten Pfanne hellbraun rösten.

Eigelb mit Zucker und Vanillezucker dickschaumig rühren. Eiweiß mit Salz steif schlafen, weiterschlagen, bis der Schnee schnittfest geworden ist. Schaummasse, Schnee und gesiebtes Mehl vorsichtig mischen.

Die Masse in einen Spritzsack mit glatter Lochtülle (Größe 5–6) füllen; 3 bis 4 cm lange Stangen auf ein Backblech spritzen und mit den vorbereiteten Mandeln bestreuen. Bei 180 Grad gerade so lange backen, bis die Stäbchen anfangen, braun zu werden.

Kuvertüre im Wasserbad schmelzen; nach dem Auskühlen an der Unterseite damit bestreichen.

MUSKAZINERL

Eier, Zucker, Salz und Gewürze dickschaumig rühren; Mandeln und Mehl einarbeiten.
Gut daumendicke Rollen formen und schräg in 1 cm dicke Stücke schneiden.
Die Muskazinerl mit der Schnittfläche nach unten auf ein Backblech legen, mit je einer halbierten Mandel belegen. Bei 150 Grad in 10 bis 15 Minuten backen.

2 Eier
120 g Zucker
1 Prise Salz
½ KL Zimt
1 MSp Nelken
2 MSp Muskatblüte
1 MSp Muskat
160 g Mandeln, gerieben
100 g Mehl
* * *
Mandeln, geschält, halbiert

ORANGENZUNGEN

Eier und Eigelb mit Zucker, Vanillezucker, Salz und Orangenschale dickschaumig rühren, mit Arancini und dem über die Schaummasse gesiebten Mehl vermischen. Die Masse in einen Spritzsack mit mittlerer glatter Lochtülle (Größe 5–6) füllen, ca. 3 cm lange, in der Mitte etwas dünnere Zungen auf ein Backblech spritzen; 3 Stunden trocknen lassen; bei 180 Grad hell backen (ca. 10 Minuten).

2 Eier
1 Eigelb
150 g Zucker
1 Paket Vanillezucker
1 Prise Salz
½ KL abgeriebene Orangenschale
40 g Arancini, feinst gehackt
100 g Mehl

Haselnuss-Financier

REBOULS *neue* KREATIONEN

HASELNUSS-FINANCIER

Ein sehr altes, traditionelles Rezept, das in den Konditoreien nahe der Pariser Börse entstand.

Butter in einem Topf auf kleiner Flamme schmelzen und braun werden lassen, bis auf dem Boden des Topfes kleine braune Flocken entstehen. Butter etwas abkühlen lassen.
In der Küchenmaschine mit einem Bischof die restlichen Zutaten vermengen. Butter langsam einfließen lassen, rühren bis alles gut vermischt ist.
Die Masse bis knapp unter den Rand in kleine Silikon-Savarinformen (rund oder eckig) füllen und bei 170 Grad 15 Minuten backen. Abkühlen lassen und mit Orangenmarmelade füllen.

TIPP:
Ich tunke den Fuß in temperierte dunkle Kuvertüre und geriebene Pistazien.

FÜR CA. 60 STÜCK:

180 g Butter
140 g Haselnüsse, fein gerieben
250 g Staubzucker
50 g Mehl
160 g Eiweiß
***
Orangenmarmelade

BASLER BACKREZEPT

Nimm von Mehl ein Pfund, siebe es fein und stell es über Nacht ins Ofenloch. Nimm ein Pfund trockenen Zucker und vier Eier, aber große, zwei Esslöffel ausgeblasenen Anis – wenn Du's fein haben willst, sollst Du ihn im Ofen bähen. – Vom alten Baselbieter Kirsch zwei Esslöffel (lupft sie gut und vertreibt den Eiergeschmack). Zucker, Eier und Anis lass vom ältesten Buben rühren, dann vom Zweitältesten, dann vom dritten, zusammen mindestens eine halbe Stunde, dann gib das Chrisiwasser dazu, schaffe das Mehl darunter und wirke den Teig auf dem Wallbrett, bis er schön verbunden ist.

Wälle den Teig auf, aber nicht zu dünn, und drücke mit Sorgsamkeit und Kraft die Model auf. Hernach alles auf mehlbestaubtem Brett 24 Stunden an die Wärme gestellt und bei schwacher Hitze backen. Um sie schön weiß zu haben, stäube vor dem Backen Mehl darauf und blase es nachher weg. Kriegen sie keine Füßchen, so schimpfe die Buben aus oder die Stubenmagd: war schlecht gerührt oder der Durchzug in der Stube. Springerli ohne Füßchen sind ein Ärgernis.

PORTUGIESEN

Eier, Zucker, Vanillezucker, Salz und Orangenschale dickschaumig rühren, Arancini, Mandeln und Mehl einarbeiten.

Nussgroße Bällchen formen, auf ein Backblech setzen, leicht flach drücken; mit Mandelstiften und Streifen von kandierter Orangenschale bestreuen.

Die Portugiesen bei 180 Grad in ca. 15 Minuten hell backen.

2 Eier
160 g Zucker
1 Paket Vanillezucker
1 Prise Salz
1 KL abgeriebene Orangenschale
40 g Arancini, fein gehackt
60 g Mandeln, geschält, gerieben
150 g Mehl
***
Mandelstifte
kandierte Orangenschale

RUMSCHEIBEN

Eigelb mit Zucker, Vanillezucker, Salz und Rum dickschaumig rühren; Mehl und zuletzt die geschmolzene Butter dazugeben. Einen glatten Teig kneten.

Den Teig ca. 3 mm dick auswalken; 3 bis 4 cm große Scheiben ausstechen; bei 160 Grad in ca. 12 Minuten hell backen.

Zucker mit Rum und Wasser zu einem Guss verrühren; die abgekühlten Scheiben damit bepinseln und mit Schokoladenstreuseln bestreuen.

TIPP:
Ich bestreue einen Teil der Scheiben mit bunten Zuckerstreuseln oder Liebesperlen.

3 Eigelb
50 g Zucker
1 Paket Vanillezucker
1 Prise Salz
1 EL Rum
125 g Mehl
20 g Butter
***
2 gehäufte EL Zucker
2 KL Rum
1-2 EL heißes Wasser
***
Schokoladenstreusel

SPRINGERLE

2 Eier
250 g Zucker
1 Prise Salz
1 EL Anis, gemahlen
abgeriebene Schale
von 1 Zitrone
2 EL Kirschwasser
1 MSp Hirschhornsalz
250 g Mehl
* * *
Mehl
Anis

Eier und Zucker so lange rühren, bis ein dicker weißlicher Schaum entstanden ist. Anis, Zitronenschale, das in Kirschwasser gelöste Hirschhornsalz und das gesiebte Mehl daruntermischen, gut verkneten.

Den Teig fingerdick auswalken. Die gut bemehlten Springerlemodel so fest auf das Teigstück drücken, dass die geschnitzten Formen gut herauskommen, wieder abheben. Die Springerle in die entsprechenden Rechtecke schneiden; auf ein mit Anis bestreutes Backblech setzen; 24 Stunden trocknen lassen.

Die Springerle auf der untersten Einschubleiste bei 150 Grad so backen, dass sie ein hellgelbes Füßchen bekommen, oben aber noch weiß sind.

YBBSER STANGEN

140 g Zucker
2 Pakete Vanillezucker
1 Prise Salz
1 Ei
4 Eigelb
140 g Stärkemehl
* * *
Kuvertüre

Zucker, Vanillezucker, Salz, Ei und Eigelb dickschaumig rühren; das Mehl darübersieben und leicht einarbeiten. Die Masse in einen Spritzsack mit glatter Lochtülle (Größe 6) füllen; 4 bis 5 cm lange Stangen auf ein Backblech spritzen; bei 200 Grad goldgelb backen (5 bis 10 Minuten). Die Stangen nach dem Erkalten an der flachen Unterseite mit Kuvertüre bestreichen.

ACHTZIGMAL

MÜRBTEIG

BÄCKEREI AUS MÜRBTEIG gehört zum beliebtesten Weihnachtsgebäck, und das nicht ohne Grund: Sie ist vollkommen unproblematisch in der Herstellung (sie gelingt selbst dem blutigsten Anfänger), und sie ist äußerst vielseitig.

Gebäck aus Mürbteig ist nicht so traditionsreich wie etwa Lebkuchen, Springerle oder ähnliche Gebäckstücke. Doch auch bei diesen kleinen Köstlichkeiten gibt es in Familien oder bestimmten Landschaften fest verwurzelte Rezepte. Bäckereien aus Mürbteig, kurz Butterplätzchen genannt, werden aus gerührtem oder aus gekneteten Mürbteig hergestellt.

Für den gerührten Mürbteig werden zimmerwarme Butter, Zucker, Gewürze und, wenn angegeben, Eier schaumig gerührt, erst dann kommen die Verfeinerer und zuletzt die nötige Menge Mehl dazu. Dabei entsteht ein gut formbarer mittelfester Teig. Sollte er Ihnen zu weich und zu klebrig vorkommen, so stellen Sie ihn längere Zeit in den Kühlschrank, er lässt sich danach einwandfrei formen. Zusätzliches Mehl sollte nur im äußersten Notfall (wenn zu große Eier verwendet wurden) eingearbeitet werden.

Beim gekneteten Mürbteig wird die kalte Butter mit Mehl verbröselt, die übrigen Zutaten dazugegeben und alles zusammen so rasch wie möglich zu einem Teig verknetet.

Manchmal kann es vorkommen, dass der Teig dabei zu bröselig ist und sich nicht glatt kneten lässt (hängt von der Mehlbeschaffenheit ab), dann können Sie sich helfen, indem Sie 1 Esslöffel kaltes Wasser zugeben.

Ob geknetet oder gerührt – ist der Teig einmal fertiggestellt und hat er die vorgeschriebene Zeit geruht, so wird er auf die gleiche Art weiterbehandelt: Er wird ausgewalkt und ausgestochen, oder er wird zu Ringen, Kipferln, Stangen … geformt. (Nur ganz weiche Teige werden gespritzt.)

Und hier beginnt der kreative Teil: Für das Gelingen von Mürbteigbäckerei ist es gleichgültig, ob Sie Herzen oder Scheiben, Sterne oder Kleeblätter ausstechen; ob Sie Ringe oder Kipferl, Stangen oder Sterne formen, Sie können Ihrer Phantasie freien Lauf lassen, ja sogar den gleichen Teig verschieden formen und verschiedene Plätzchen daraus machen. Zu beachten ist nur, dass die Dicke des ausgewalkten Teiges ungefähr der Angabe im Rezept entsprechen sollte.

Auch beim Verzieren bieten Butterplätzchen unzählige Möglichkeiten. Sie können vor dem Backen mit Ei (Eigelb) bestrichen, mit Mandeln belegt, mit Hagelzucker bestreut werden. Sie können aber auch nach dem Backen glasiert werden, man kann sie ganz oder zum Teil in Kuvertüre tauchen, man kann sie nur mit Staubzucker bestreuen oder mit Marmelade zusammensetzen, der Phantasie sind keine Grenzen gesetzt.

So einfach wie die Zubereitung der Mürbteigbäckerei, so einfach ist auch ihre Aufbewahrung. Die Bäckerei schmeckt am nächsten Tag genau so gut wie nach drei oder vier Wochen. Geben Sie sie – selbstverständlich nachdem sie gut ausgekühlt ist – in Schüsseln, Dosen, Gläser oder Töpfe und decken Sie sie mit einem passenden Deckel oder Pergamentpapier zu. Mürbteiggebäck muss nicht fest verschlossen aufbewahrt werden.

AHORNSCHEIBEN

200 g Mehl
1 Prise Salz
1 MSp Backpulver
140 g Butter
60 g Zucker
½ KL Zimt
60 g Ahornsirup
* * *
Ahornsirup
Hagelzucker, bunte Zuckerstreusel oder Schokoladenstreusel

Mehl salzen und mit Backpulver auf ein Brett sieben; kleine Scheiben Butter dazugeben, verbröseln; Zucker, Zimt und Sirup daruntermischen; einen glatten Teig kneten, über Nacht im Kühlschrank ruhen lassen.

Den Teig ca. 4 mm dick auswalken; kleine gezackte Plätzchen ausstechen; mit Ahornsirup bepinseln, mit Hagelzucker (oder bunten Zuckerstreuseln oder Schokoladenstreuseln) bestreuen; bei 170 Grad in ca. 12 Minuten goldbraun backen.

TIPP:

Der Teig lässt sich besser verarbeiten, wenn man ihn ½ Stunde vor Verwendung aus dem Kühlschrank nimmt.

AMERIKANER

70 g Butter
120 g Zucker
abgeriebene Schale von 1 Zitrone
1 Prise Salz
2 Eier
2 MSp Hirschhornsalz
1 EL Milch
180 g Mehl
100 g Stärkemehl
* * *
4 gehäufte EL Zucker
1 EL Rum
1–2 EL heißes Wasser

Butter, Zucker, Zitronenschale, Salz und Eier schaumig rühren; Hirschhornsalz in Milch verrühren, dazugeben; Mehl und Stärkemehl darübersieben; alles zu einem Mürbteig verarbeiten.

Kirschgroße Häufchen auf ein Backblech setzen (genügend Abstand lassen!); bei 200 Grad goldgelb backen (ca. 15 Minuten).

Zucker, Rum und Wasser so lange verrühren, bis eine glatte Glasur entstanden ist. Die Unterseite der Amerikaner damit bestreichen.

TIPP:

Zur Abwechslung: 1 Tropfen rote Lebensmittelfarbe mit der Glasur verrühren.

BAUMSCHEIBEN

Mehl salzen, mit der Butter verbröseln, mit den übrigen Zutaten mischen; zu einem glatten Teig kneten.
Rollen mit 3 cm Durchmesser formen; 3 bis 4 Stunden kalt stellen.
Das Eiweiß ganz leicht verquirlen; Zucker und Kokosraspeln mischen.
Die erstarrte Rolle mit Eiweiß bepinseln und in der Zucker-Kokosraspel-Mischung rollen. In 5 bis 6 mm dicke Scheiben schneiden; bei 180 Grad ca. 12 Minuten hell backen.

TIPP:
Die Scheiben werden schön gleichmäßig, wenn sie mit einer Brotschneidemaschine geschnitten werden.

200 g Mehl
1 Prise Salz
150 g Butter
80 g Zucker
1 Paket Vanillezucker
abgeriebene Schale von 1 Zitrone
1 KL Zitronensaft
100 g Kokosraspeln
* * *
1 Eiweiß
2 EL Zucker
2 EL Kokosraspeln

BIELEFELDER SPEKULATIUS

Mehl salzen und mit Butter verbröseln; mit den übrigen Zutaten mischen; rasch zu einem Mürbteig kneten; ½ Stunde ruhen lassen.
Den Teig messerrückendick ausrollen; beliebige Formen ausstechen; bei 150 Grad hellbraun backen (ca. 5 Minuten).

250 g Mehl
1 Prise Salz
125 g Butter
1 KL Zimt
abgeriebene Schale von 1 Zitrone
1 Prise Koriander
125 g Zucker
50 g Mandeln, geschält, gerieben

BRANNTWEINRINGE

140 g Mehl
1 Prise Salz
140 g Butter
140 g Mandeln, geschält, gerieben
70 g Zucker
abgeriebene Schale und Saft von ½ Zitrone
1 MSp Zimt
1 Eigelb
1 EL Branntwein
* * *
2 EL Branntwein
Zucker

Mehl salzen, mit Butter verbröseln, die restlichen Zutaten dazumischen; einen mürben Teig kneten; ½ Stunde ruhen lassen.
Den Teig 3 bis 4 mm dick ausrollen; 4 cm große gezackte Ringe ausstechen (Scheiben, in die man mit einem Fingerhut ein Loch macht); auf ein Backblech legen, mit Branntwein bepinseln und dick mit Zucker bestreuen.

TIPP:
1 Eigelb mit 1 Esslöffel Cognac mischen, Teigringe damit bestreichen und mit Hagelzucker bestreuen. So schauen die Branntweinringe besonders hübsch aus.

BUTTERBLUMEN

150 g Butter
150 g Zucker
1 Paket Vanillezucker
1 Prise Salz
1 EL Cognac
1 Ei
1 Eigelb
280 g Mehl
* * *
1 Eigelb
* * *
Kuvertüre

Butter, Zucker, Vanillezucker, Salz und Cognac verrühren, Ei und Eigelb dazugeben; schaumig rühren; Mehl einarbeiten, zu einem glatten Teig kneten; ½ Stunde kühl ruhen lassen.
Den Teig 3 bis 4 mm dick auswalken, ca. 4 cm große Blumen ausstechen; mit verquirltem Eigelb bestreichen; bei 180 Grad goldgelb backen (10–15 Minuten).
Die Kuvertüre im Wasserbad schmelzen; in die Mitte der abgekühlten „Blumen" einen Kranz ganz kleiner Tropfen spritzen.

TIPP:
Ich bestreue die Hälfte der Butterblumen vor dem Backen mit Hagelzucker und spritze nach dem Backen einen etwas größeren Tupfen in die Mitte.

Butterblumen

Butterbrote

BUTTERBROTE

Mehl salzen, mit der Butter verbröseln; mit Haselnüssen, Schokolade und Eigelb mischen; glatt kneten; ½ Stunde ruhen lassen.
Aus dem Teig Rollen mit ca. 3 cm Durchmesser formen, der Länge nach halbieren; einige Stunden kalt stellen.
3 bis 4 mm dicke „Brote" schneiden, bei 170 Grad 10 bis 15 Minuten backen.
Eigelb und Zucker dickschaumig rühren; die Brote damit bestreichen; bei ca. 70 Grad trocknen lassen.

TIPP:
Ich hacke einige Pistazien und streue sie als „Schnittlauch" auf die frischbestrichenen Brote.

150 g Mehl
1 Prise Salz
120 g Butter
80 g Haselnüsse, gerieben
60 g Schokolade, gerieben
1 Eigelb
 * * *
2 Eigelb
120 g Zucker

BUTTERFLY

Butter, Zucker, Salz, Gewürze, Zitronenschale und -saft mit Ei schaumig rühren; Mandeln und Mehl dazugeben, verkneten. Eine 3 bis 4 cm dicke Rolle formen und so flach drücken, dass ein Rechteck entsteht; für 2 bis 3 Stunden in den Kühlschrank stellen.
Mit einem dünnen, scharfen Messer 1 bis 2 mm dicke Scheibchen abschneiden; goldbraun backen (ca. 15 Minuten bei 180 Grad).

TIPP:
Ich lege die Stange vor dem Schneiden kurze Zeit in das Tiefkühlfach.

110 g Butter
120 g Zucker
1 Prise Salz
1 Prise Ingwer
1 Prise Muskatblüte
1 KL Zimt
abgeriebene Schale
 und Saft von ½ Zitrone
1 Ei
150 g Mandeln,
 geschält, gestiftet
200 g Mehl

BUTTERSTENGLI

125 g Butter
50 g Zucker
1 Prise Salz
abgeriebene Schale
von ½ Zitrone
3 Eigelb
180 g Mehl
* * *
1 Eigelb
1 KL Wasser
Hagelzucker

Butter, Zucker, Salz und Zitronenschale verrühren, Eigelb dazugeben, schaumig rühren; Mehl einarbeiten; einen glatten Teig kneten, ½ Stunde ruhen lassen. Bleistiftstarke Rollen formen, in ca. 5 cm lange Stücke schneiden, auf ein Backblech legen. Eigelb und Wasser verquirlen, die Stangen damit bestreichen und mit Hagelzucker bestreuen. Bei 170 Grad 15 bis 20 Minuten backen.

DOPPELDECKER

150 g Mehl
1 Prise Salz
150 g Butter
80 g Zucker
1 Paket Vanillezucker
1 Prise Nelken
abgeriebene Schale
von ½ Zitrone
1 EL Rum
100 g Haselnüsse, gerieben
* * *
Himbeermarmelade
* * *
3 EL Zucker
1 KL Rum
1 EL heißes Wasser
Haselnüsse, in Scheiben

Mehl salzen und mit der Butter verbröseln; Zucker, Vanillezucker, Nelken, Zitronenschale und Haselnüsse dazugeben, einen glatten Teig kneten; ½ Stunde ruhen lassen.

Den Teig 2 bis 3 mm dick auswalken, 3 bis 4 cm große gezackte Plätzchen (oder Sterne) ausstechen, bei 160 Grad in 10 bis 12 Minuten hell backen.

Je 2 Plätzchen (Unterseite an Unterseite) mit Himbeermarmelade zusammensetzen. Zucker mit Rum und Wasser zu einem dicken Guss verrühren; je einen großen Tropfen in die Mitte der Doppeldecker geben, mit einer Haselnussscheibe verzieren.

FIGAROS

Mehl salzen, mit der Butter verbröseln, mit den restlichen Zutaten zu einem glatten Mürbteig verarbeiten; ½ Stunde kühl ruhen lassen.
Den Teig 3 bis 4 mm dick auswalken; 4 cm große Scheiben ausstechen, auf ein Backblech legen.
Marzipanrohmasse mit geriebenen Pistazien und Eiweiß verrühren, in einen Spritzbeutel mit mittlerer Sterntülle (Größe 5) füllen. Auf den Rand der Teigscheiben Marzipanringe spritzen. In die Mitte der Plätzchen 1 Mokkalöffel Orangenmarmelade geben.
Die Figaros bei 160 Grad ca. 12 Minuten hacken.

TIPP:
Anstelle von Orangenmarmelade kann man auch Marillenmarmelade oder Himbeermarmelade verwenden.

125 g Mehl
1 Prise Salz
80 g Butter
70 g Zucker
1 Paket Vanillezucker
3 Tropfen Bittermandelaroma
1 Eigelb
* * *
240 g Marzipanrohmasse
60 g Pistazien, gerieben
2 Eiweiß
* * *
Orangenmarmelade

FRANZÖSISCHE MANDELSCHEIBEN

Butter und Zucker verrühren, mit den übrigen Zutaten mischen; einen glatten Teig kneten. Eine 3 bis 4 cm dicke Rolle formen, 3 Stunden kühl stellen.
Gehackte Mandeln und Zucker mischen. Teigrolle mit Eigelb bestreichen und in den Mandeln wälzen; dabei genügend fest aufdrücken, damit die Mandelstückchen gut haften; 4 bis 5 mm dicke Scheiben schneiden; hellbraun backen (10 bis 15 Minuten bei 170 Grad).

TIPP:
Die Scheiben werden besonders gleichmäßig, wenn Sie sie mit einer Brotschneidemaschine schneiden.

120 g Butter
80 g Zucker
2 EL Milch
1 Paket Vanillezucker
1 Prise Salz
60 g Mandeln, geschält, grob gerieben
200 g Mehl
* * *
3 EL Mandeln, geschält, gehackt
2 KL Zucker
1 Eigelb

GEWÜRZKRINGEL

140 g Butter
120 g Zucker
1 Paket Vanillezucker
1 Prise Salz
1 KL Zimt
1 Prise Nelken
1 Prise Piment
1 Prise Kardamom
2 Eier
260 g Mehl
* * *
4 gehäufte EL Zucker
2 EL Rum
2-3 EL heißes Wasser
Arancini

Die Butter mindestens 1 Stunde bei Zimmertemperatur stehenlassen; dann mit Zucker, Vanillezucker, Salz, Gewürzen und Eiern cremig rühren. Das Mehl einarbeiten. Den Teig in einen Spritzsack mit mittlerer Sterntülle (Größe 6) füllen. Kränze auf ein Backblech spritzen; bei 180 Grad ca. 10 Minuten backen.

Zucker mit Rum und heißem Wasser zu einem Guss verrühren; Kringel damit bestreichen und mit gehackten Arancini bestreuen.

HARLEKINS

120 g Butter
60 g Zucker
2 Eigelb
2 EL Rum
1 Paket Vanillezucker
1 Prise Salz
1 KL abgeriebene Orangenschale
2 EL Schokoladenblättchen
1 EL Arancini, gehackt
1 EL kandierte Kirschen, gehackt
140 g Mehl

Butter, Zucker und Eigelb schaumig rühren; Rum, Orangenschale, Schokoladenblättchen, Arancini und Kirschen einrühren; Mehl einarbeiten.

Die Masse in einen Spritzsack mit mittlerer Lochtülle (Größe 5 oder 6) füllen; ca. 4 cm lange Stangen auf ein Backblech spritzen (genügend Abstand lassen!). Bei 125 Grad in 10 bis 12 Minuten goldgelb backen.

HASELNUSSDUKATEN

Mehl salzen und mit der Butter abbröseln; die übrigen Zutaten dazumischen, einen glatten Teig kneten; ½ Stunde ruhen lassen.

Den Teig ca. 4 mm dick ausrollen, 3 bis 4 cm große Taler ausstechen; mit Ribiselmarmelade bestreichen und mit gehobelten Haselnüssen bestreuen.

Die Taler bei 180 Grad hellbraun backen (10 bis 15 Minuten); noch warm mit Zucker bestreuen.

150 g Mehl
1 Prise Salz
125 g Butter
80 g Zucker
1 Prise Kardamom
1 Prise Muskatblüte
1 EL Rum
120 g Haselnüsse, gerieben
1 Ei
* * *
Ribiselmarmelade
Haselnüsse, gehobelt
* * *
Zucker

HASELNUSSKÄRTCHEN

Mehl salzen, mit der Butter abbröseln; Zucker, Zitronenschale, Gewürze, Haselnüsse und Ei dazugeben, einen glatten Teig kneten; 2 Stunden kühl ruhen lassen.

Den Teig 4 bis 5 mm dick auswalken; mit einem Teigrädchen 2 cm breite und 4 cm lange Kärtchen schneiden; bei 180 Grad ca. 15 Minuten hell backen.

Kuvertüre im Wasserbad schmelzen; die Kärtchen zur Hälfte darin eintauchen und sofort mit gehobelten Haselnüssen bestreuen.

TIPP:
Ich backe etwas dünnere Kärtchen, setze je 2 davon mit leicht erwärmter Nougatmasse zusammen und tauche sie erst dann in die Kuvertüre.

250 g Mehl
1 Prise Salz
200 g Butter
125 g Zucker
abgeriebene Schale
  von 1 Zitrone
1 Prise Nelken
1 Prise Kardamom
1 Prise Ingwer
200 g Haselnüsse, gerieben
1 Ei
* * *
Kuvertüre
Haselnüsse, gehobelt

Karamell-Blumen

REBOULS *neue* KREATIONEN

KARAMELL-BLUMEN

Für den Karamellkern alle Zutaten bis auf die Mandeln aufkochen. Mandeln dazugeben und alles vermischen. Abkühlen lassen.

Für den Teig alle Zutaten bis auf das Mehl mischen, dann das Mehl dazugeben und nur noch kurz mixen. Auf 4 mm ausrollen und kurz in den Kühlschrank stellen.

Einmal mit einem Muster-Rollholz (ich nehme einen gestreiften Marzipan-Roller) darüber gehen. Teigplatte kurz in den Kühlschrank legen.

Mit einem Blumen-Ausstecher ausstechen. Bei der Hälfte der Blumen mit einem runden Ausstecher die Mitte entfernen. Alle auf ein mit einer Silikonmatte belegtes Backblech geben.

In die gelochten Blumen vorsichtig mit einem Kaffeelöffel etwas Karamellkern-Masse geben. Alle Blumen bei 160 Grad 10 Minuten goldbraun backen.

Für die Karamellfüllung Glukose kochen, Zucker nach und nach dazugeben bis ein heller Karamell entsteht. Mit heißem Obers ablöschen und noch etwas köcheln lassen. Abkühlen lassen. Butter schaumig schlagen und das Karamell nach und nach dazugeben.

Auf die Blumen ohne Karamellkern etwas von der Füllung geben und sie mit einer Blume mit Karamellkern zusammensetzen.

FÜR 50 STÜCK:

KARAMELLKERN:
50 g Glukose
50 g brauner Zucker
50 g Butter
5 ml Wasser
50 g Mandeln, gehackt
* * *
TEIG:
300 g weiche Butter
75 g Honig
150 g Staubzucker
150 g Mandelstaub
90 g Dotter
1 Prise Salz
400 g Mehl
* * *
KARAMELLFÜLLUNG:
25 g Glukose
150 g Zucker
200 ml Obers
75 g Butter

HASELNUSSSTERNE

80 g Haselnüsse, gerieben
200 g Butter
125 g Zucker
1 Eigelb
1 Prise Salz
abgeriebene Schale
von ½ Zitrone
80 g Schokolade, gerieben
180 g Mehl
* * *
1 Eiweiß
150 g Zucker
1½ EL Kirschwasser
Haselnüsse, halbiert

Die Haselnüsse in einer beschichteten Pfanne rösten, bis sie zu duften beginnen.

Butter, Zucker und Eigelb schaumig rühren; Salz, Zitronenschale, Haselnüsse, Schokolade und Mehl dazugeben; ½ Stunde ruhen lassen.

Den Teig 4 bis 5 mm dick auswalken; beliebig große Sterne ausstechen; bei 180 Grad hell backen (ca. 15 Minuten).

Eiweiß, Zucker und Kirschwasser zu einem dicken Guss verrühren.

Die abgekühlten Sterne mit Guss bestreichen; je eine halbe Haselnuss in die Mitte geben.

HIRSCHKNÖPFE

100 g Butter
125 g Zucker
1 Paket Vanillezucker
1 Prise Salz
2 Eier, getrennt
75 g Mehl
125 g Stärkemehl
* * *
Kuvertüre

Butter, Zucker, Vanillezucker und Salz schaumig rühren; Eigelb dazugeben, nochmals schaumig rühren; Eiweiß steif schlagen und abwechselnd mit Mehl und Stärkemehl unter die Schaummasse mischen.

Den Teig in einen Spritzsack mit größerer Sterntülle (Größe 7) füllen; kirschgroße Häufchen auf ein Backblech spritzen; bei 200 Grad in 10 bis 15 Minuten goldbraun backen.

Die Kuvertüre im Wasserbad schmelzen; in eine Pergamenttüte mit feiner Spitze füllen, dünne unregelmäßige Streifen auf die etwas abgekühlten Knöpfe spritzen.

HONIGSONNEN

Zucker und Honig im Wasserbad erwärmen, bis der Zucker geschmolzen ist; abkühlen lassen.
Eigelb passieren, mit Butter, Salz, Gewürzen, Zitronenschale und -saft verrühren; Zucker-Honig-Gemisch dazugeben, schaumig rühren. Mehl und Backpulver mischen, darübersieben; einen glatten Teig kneten; ½ Stunde in den Kühlschrank stellen.
Den Teig ca. 4 mm dick auswalken; 3 bis 4 cm große Scheibchen ausstechen, mit verquirltem Eigelb bestreichen; in genügend großen Abständen auf ein Backblech legen; bei 170 Grad goldbraun backen (10 bis 12 Minuten).

50 g Zucker
50 g Honig
2 Eigelb, hart gekocht
140 g Butter
1 Prise Salz
½ KL Zimt
1 MSp Koriander
abgeriebene Schale
   von 1 Zitrone
1 EL Zitronensaft
150 g Mehl
1 MSp Backpulver
   * * *
1 Eigelb

IGEL

Butter und Zucker verrühren, Ei, Vanillezucker und Bittermandelaroma dazugeben, schaumig rühren; Mandeln und Mehl einarbeiten, glatt kneten; 1 Stunde kühl ruhen lassen.
Aus dem Teig nussgroße Kugeln formen, mit dem mit Wasser verquirltem Eigelb bestreichen und in Mandelstiften wälzen. Die Igel bei 170 Grad goldbraun backen (15 bis 20 Minuten).

125 g Butter
100 g Zucker
1 Ei
1 Paket Vanillezucker
5 Tropfen Bittermandelaroma
120 g Mandeln, gerieben
150 g Mehl
   * * *
1 Eigelb
1 KL Wasser
100 g Mandeln, gestiftelt

Husarenkrapfen

Gesiebtes Mehl salzen und mit Butter
abbröseln, mit den übrigen Zutaten
mischen; einen platten Teig kneten; 1 Stunde
kühl ruhen lassen. Eine daumendicke Rolle
formen und in 1½ cm große Stücke teilen;
aus jedem Stück eine Kugel formen; auf
ein Backblech setzen. Mit einem in Mehl
getauchten dicken Kochlöffelstiel in jede
Kugel eine Vertiefung drücken.
Eigelb mit Honig verrühren; die Krapfen
damit bepinseln; bei 150 Grad goldbraun
backen (10 bis 15 Minuten). Die fertigen
Krapfen noch warm mit erwärmter
Marmelade füllen.

Tipp: Welche Marmelade Sie verwenden,
ist Geschmackssache. Ich fülle die Hälfte
der Krapfen mit Marillenmarmelade und
die andere Hälfte mit Ribiselmarmelade,
das schmeckt abwechslungsreich und
schaut nett aus.

- 210 g Mehl
- 1 Prise Salz
- 150 g Butter
- 70 g Zucker
- 1 Paket Vanillezucker
- abgeriebene Schale von 1 Zitrone
- 2 Eigelb
- 50 g Mandeln, geschält gerieben

- 1 Eigelb
- 1 KL Honig
- Marmelade

Hornbergs Klassiker

HUSARENKRAPFEN

Gesiebtes Mehl salzen und mit Butter abbröseln, mit den übrigen Zutaten mischen; einen platten Teig kneten; 1 Stunde kühl ruhen lassen.

Eine daumendicke Rolle formen und in 1½ cm große Stücke teilen; aus jedem Stück eine Kugel formen; auf ein Backblech setzen. Mit einem in Mehl getauchten dicken Kochlöffelstiel in jede Kugel eine Vertiefung drücken.

Eigelb mit Honig verrühren; die Krapfen damit bepinseln; bei 150 Grad goldbraun backen (10 bis 15 Minuten).

Die fertigen Krapfen noch warm mit erwärmter Marmelade füllen.

TIPP:
Welche Marmelade Sie verwenden, ist Geschmackssache. Ich fülle eine Hälfte der Krapfen mit Marillenmarmelade und die andere Hälfte mit Ribiselmarmelade, das schmeckt abwechslungsreich und schaut nett aus.

210 g Mehl
1 Prise Salz
150 g Butter
70 g Zucker
1 Paket Vanillezucker
abgeriebene Schale von 1 Zitrone
2 Eigelb
50 g Mandeln, geschält, gerieben
***
1 Eigelb
1 KL Honig
Marmelade

IMMELE

75 g Honig
50 g brauner Zucker
200 g Butter
1 KL Zimt
1 Prise Salz
½ KL Kardamom
250 g Mehl
* * *
Kuvertüre
Liebesperlen

Honig und Zucker im Wasserbad erwärmen, bis der Zucker geschmolzen ist; abkühlen lassen.

Butter mit Honig-Zucker-Gemisch, Salz und Kardamom schaumig rühren; Mehl einarbeiten.

Den Teig in einen Spritzsack mit mittlerer Sterntülle (Größe 6) füllen; ca. 4 cm große Ringe auf ein Backblech spritzen; bei 180 Grad in ca. 10 Minuten hellbraun backen.

Die Kränze zu ⅓ in geschmolzene Kuvertüre tauchen und mit Liebesperlen bestreuen.

INGWERMONDE

1 EL Honig
1 EL Arrak
120 g Butter
150 g Zucker
1 MSp Ingwerpulver
abgeriebene Schale
von ½ Zitrone
1 Prise Salz
2 EL kandierter Ingwer,
gehackt
80 g Mandeln,
geschält, gerieben
250 g Mehl
1 KL Backpulver
* * *
1 Eigelb
1 KL Wasser
* * *
Kuvertüre

Honig und Arrak leicht erwärmen (Wasserbad). Butter, Zucker, Ingwerpulver, Zitronenschale, Salz und kandierten Ingwer verrühren, Honiggemisch dazugeben, schaumig rühren. Mandeln dazugeben; Mehl mit Backpulver mischen und darübersieben. Einen glatten Teig kneten; ½ Stunde kühl ruhen lassen.

Den Teig 4 bis 5 mm dick ausrollen, Monde ausstechen.

Eigelb und Wasser verquirlen; Monde damit bepinseln; bei 180 Grad goldbraun backen (10 bis 12 Minuten).

Gebackene Monde mit beiden Enden in geschmolzene Kuvertüre tauchen.

TIPP:

Ich mische eine Prise Ingwer in die geschmolzene Kuvertüre.

INGWERNÜSSE

Butter, Zucker, Vanillezucker, Salz und Ingwer verrühren; Ei und Cognac dazugeben; schaumig rühren. Mehl mit Backpulver mischen, darübersieben; zu einem platten Teig verarbeiten.

Mit nassen Händen schwach nussgroße Kugeln formen; auf ein Backblech setzen. In die Mitte jeder Kugel ein Stückchen kandierten Ingwer drücken. Bei 180 Grad in ca. 15 Minuten hell backen.

TIPP:
Ich verwende anstelle des Ingwerpulvers 1 Kaffeelöffel feingeriebenen frischen Ingwer.

125 g Butter
100 g Zucker
1 Paket Vanillezucker
1 Prise Salz
1 KL Ingwerpulver
1 Ei
2 KL Cognac
200 g Mehl
2 MSp Backpulver
* * *
kandierter Ingwer

INNTALER KRAPFEN

Mehl salzen und mit Butter abbröseln; mit den übrigen Zutaten mischen; einen glatten Teig kneten; ½ Stunde kühl ruhen lassen.

Den Teig 3 mm dick auswalken, 3 bis 4 cm große Scheibchen ausstechen; bei 160 Grad in ca. 12 Minuten hell backen. Die Hälfte der Scheibchen sofort mit Zucker bestreuen.

Butter schaumig rühren. Zucker, Eigelb, Zitronenschale und -saft über Dunst dickschaumig schlagen; kalt rühren. Die abgekühlte Schaummasse löffelweise mit der Butter verrühren.

Die ungezuckerten Scheibchen mit der Zitronencreme bestreichen; die gezuckerten Scheibchen daraufsetzen.

250 g Mehl
1 Prise Salz
125 g Butter
70 g Zucker
abgeriebene Schale
    von 1 Zitrone
2 Eigelb
* * *
Zucker
* * *
80 g Butter
100 g Zucker
1 Eigelb
abgeriebene Schale
    und Saft von 1 Zitrone

ISCHLER TÖRTCHEN

70 g Mehl
1 Prise Salz
140 g Butter
70 g Semmelbrösel
70 g Zucker
1 Paket Vanillezucker
70 g Haselnüsse, gerieben
* * *
Marmelade
(Marille oder Ribisel)
* * *
150 g Schokolade
20 g Kokosfett
150 g Zucker
100 ml Wasser
* * *
Haselnüsse, gehackt

Mehl salzen, mit Butter abbröseln; Semmelbrösel, Zucker, Vanillezucker und Haselnüsse dazumischen; einen glatten Teig kneten; ½ Stunde ruhen lassen.

Den Teig 3 mm dick ausrollen; 3 bis 4 cm große Plätzchen ausstechen; bei 180 Grad 8 bis 10 Minuten hell backen. Je 2 Scheibchen mit erwärmter Marmelade zusammensetzen.

Schokolade und Kokosfett im Wasserbad schmelzen. Zucker und Wasser ca. 5 Minuten kochen, bis ein Tropfen der Lösung, auf einen kalten Teller gegeben, nicht mehr zerfließt. Die Zuckerlösung löffelweise mit der geschmolzenen Schokolade verrühren, sodass eine dickflüssige Glasur entsteht.

Die Törtchen mit Schokoladenglasur überziehen; solange die Glasur noch feucht ist, mit gehackten Haselnüssen bestreuen.

KAISERKIPFERL

240 g Butter
100 g Zucker
1 Paket Vanillezucker
1 Prise Salz
5 Tropfen Zitronensaft
abgeriebene Schale
von ½ Zitrone
1 Ei
120 g Walnüsse, gerieben
240 g Mehl
* * *
Walnüsse, grob gehackt,
oder Hagelzucker

Butter, Zucker, Vanillezucker, Zitronensaft und -schale verrühren; das Ei dazugeben, schaumig rühren; Nüsse und Mehl einarbeiten.

Die Masse in einen Spritzsack mit mittlerer Lochtülle (Größe 6) geben; kleine Kipferl auf ein Backblech spritzen, mit grobgehackten Walnüssen oder Hagelzucker bestreuen; bei 170 Grad hell backen.

Ischler Törtchen

KAKAO-RUM-PLÄTZCHEN

300 g Mehl
1 Prise Salz
200 g Butter
80 g Zucker
2 Pakete Vanillezucker
1 Prise Kardamom
1 Eigelb
* * *
2 EL Kakao
1 EL Rum
* * *
Marillenmarmelade
Kuvertüre

Mehl salzen, mit der Butter verbröseln; mit Zucker Vanillezucker, Kardamom und Eigelb zu einem glatten Teig verarbeiten. Den Teig halbieren, je eine Hälfte mit Kakao bzw. Rum verkneten.

Aus jeder Teighälfte eine 2 cm dicke Rolle formen, einige Stunden kalt stellen.

Die Rollen in 3 mm dicke Scheiben schneiden. Bei 160 Grad hell backen (10 Minuten).

Je ein helles und ein dunkles Plätzchen mit Marmelade zusammensetzen. Nach Belieben zur Hälfte in Kuvertüre tauchen oder die helle Seite mit Kuvertüre bepinseln.

KAKAOSTANGEN

200 g Mehl
1 Prise Salz
125 g Butter
50 g Haselnüsse, gerieben
2 EL Kakao
100 g Zucker
1 Ei
* * *
Marillenmarmelade
Kuvertüre

Mehl salzen und mit Butter verbröseln; restliche Zutaten beimischen; einen glatten Teig kneten; 1 Stunde kühl ruhen lassen.

Den Teig 2 bis 3 mm dick ausrollen; 14 cm breite, ca. 4 cm lange Stangen schneiden (Papiermaß verwenden, damit die Stangen möglichst gleichmäßig werden). Bei 170 Grad ca. 12 Minuten backen.

Nach kurzem Überkühlen je 2 Stangen mit erwärmter Marillenmarmelade zusammensetzen und beide Enden in geschmolzene Kuvertüre tauchen.

TIPP:
Ich schmelze ½ Tafel weiße Schokolade, verrühre sie mit so viel Kokosfett, dass ein dickflüssiger Guss entsteht (je nach Fettanteil der Schokolade verschieden), und verwende diese Mischung anstelle der Kuvertüre.

KLEINBRÖTCHEN

Mehl salzen, mit der Butter verbröseln; Zucker, Eigelb und Gewürze dazugeben; einen Mürbteig kneten; ½ Stunde kühl ruhen lassen.
Den Teig 3 bis 4 mm dick auswalken, ca. 2 cm große Scheibchen ausstechen, auf ein Backblech legen.
Die geriebenen Haselnüsse mit etwas Zucker in einer beschichteten Pfanne anrösten; abkühlen lassen.
Das Eiweiß zunächst allein, dann mit dem löffelweise zugegebenen Zucker und dem Zitronensaft schnittfest schlagen; Zitronenschale und Haselnüsse unter den Schnee heben.
Schaummasse auf die Teigscheibchen verteilen (am besten mit 2 in kaltes Wasser getauchten Kaffeelöffeln). Bei 160 Grad 15 bis 20 Minuten hellbraun backen.

TIPP:
Ich verziere die fertigen Kleinbrötchen noch mit einem Tupfen geschmolzener Kuvertüre.

160 g Mehl
1 Prise Salz
100 g Butter
40 g Zucker
2 Eigelb
1 Prise Ingwer
1 Prise Kardamom
* * *
70 g Haselnüsse, gerieben
ca. 80 g Zucker
1 Eiweiß
1 Mokkalöffel Zitronensaft
abgeriebene Schale
   von ½ Zitrone

KLOSTERKIPFERL

Mehl salzen, mit der Butter verbröseln; mit den restlichen Zutaten zu einem glatten Teig kneten; 1 Stunde ruhen lassen.
Daumendicke Rollen formen; in fingerbreite Stücke schneiden; aus den Stücken je ein Kipferl formen, bei 180 Grad 15 bis 20 Minuten backen.
Kuvertüre im Wasserbad schmelzen; Kipferl mit einem Ende eintauchen; an der unteren Seite gut abstreifen, auf Alufolie zum Trocknen legen.

140 g Mehl
1 Prise Salz
110 g Butter
50 g Zucker
1 Paket Vanillezucker
1 Prise Koriander
50 g Schokolade, gerieben
1 Eigelb
* * *
Kuvertüre

TIPP:

Sehr hübsch sieht es auch aus, wenn das noch feuchte Ende in geriebene Haselnüsse getaucht wird.

KNUSPERLE

200 g Mehl
½ KL Backpulver
1 Prise Salz
50 g Butter
50 g Butterschmalz
70 g Zucker
1 EL Rum
1 EL Milch
* * *
Milch
Zucker

Mehl und Backpulver auf ein Brett sieben, salzen und mit dem kleingeschnittenen Fett abbröseln; mit den übrigen Zutaten mischen, rasch einen glatten Teig kneten; 1 Stunde kühl ruhen lassen.

Den Teig ganz dünn (1 bis 2 mm) auswalken, beliebige Formen ausstechen, auf ein Backblech legen; mit Milch bepinseln und mit Zucker bestreuen.

Bei 180 Grad knusprig backen (ca. 10 Minuten).

KOKOSBRÖTCHEN

220 g Mehl
1 Prise Salz
125 g Butter
50 g Zucker
1 Paket Vanillezucker
1 MSp Koriander
1 Ei
* * *
50 g Butter
50 g Zucker
1 Paket Vanillezucker
1 Eiweiß
1 EL Rum
80 g Kokosraspeln

Mehl salzen und mit Butter verbröseln; übrige Zutaten dazugeben, einen glatten Teig kneten; 1 Stunde ruhen lassen.

Den Teig 3 bis 4 mm dick ausrollen, 3 cm große Scheibchen ausstechen, auf ein Backblech legen.

Butter, Zucker, Vanillezucker, Eiweiß und Rum miteinander verrühren; Kokosraspeln dazumischen. Die Masse auf die vorbereiteten Teigscheiben streichen.

Bei 170 Grad goldgelb backen (ca. 15 Minuten).

TIPP:

Ich mische unter die Hälfte der Kokosmasse 2 Esslöffel geriebene Schokolade.

KOKOSINCHEN

Mehl mit Backpulver auf ein Brett sieben, salzen und mit der Butter verbröseln; Zucker, Vanillezucker, Ei und Eigelb dazumischen, zu einem glatten Teig verarbeiten; ½ Stunde ruhen lassen.

Zucker, Butter und Wasser aufkochen; Zitronenschale und -saft sowie Koriander dazugeben; Kokosraspeln und Haselnüsse einrühren, abkühlen lassen. (Die Masse muss geschmeidig, aber fest sein, eventuell noch etwas Wasser oder Haselnüsse dazugeben.)

Den Teig 3 bis 4 mm dick auswalken; 4 cm große Plätzchen ausstechen. In die Mitte jeder Scheibe einen Tupfen Brombeermarmelade geben; die Kokosmasse darüberhäufeln (geht am besten mit 2 in kaltes Wasser getauchten Kaffeelöffeln). Bei 160 Grad hell backen (ca. 15 Minuten).

300 g Mehl
1 MSp Backpulver
1 Prise Salz
125 g Butter
50 g Zucker
1 Paket Vanillezucker
1 Ei
1 Eigelb
* * *
80 g Zucker
80 g Butter
6 EL Wasser
abgeriebene Schale von ½ Zitrone
1 KL Zitronensaft
1 MSp Koriander
80 g Kokosraspeln
80 g Haselnüsse, gerieben
* * *
Brombeermarmelade

KOKOSNÜSSE

Butter, Zucker, Vanillezucker, Salz und Ei schaumig rühren; mit den Kokosraspeln mischen. Mehl, Backpulver und Stärkemehl mischen, darübersieben und unterheben.

Mit nassen Händen kleine Bällchen formen, in Kokosraspeln wälzen; auf ein Backblech geben, bei 180 Grad hell backen (ca. 10 Minuten).

125 g Butter
100 g Zucker
1 Paket Vanillezucker
1 Prise Salz
1 Ei
100 g Kokosraspeln
50 g Mehl
½ KL Backpulver
50 g Stärkemehl
* * *
Kokosraspeln

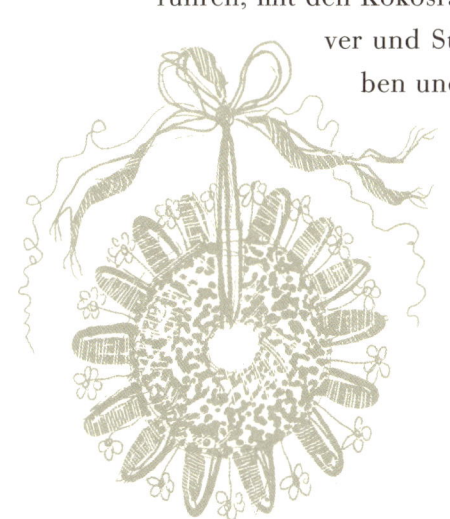

KROKANTSCHEIBEN

200 g Mehl
1 Prise Salz
100 g Butter
100 g Zucker
1 Paket Vanillezucker
3 Tropfen Bittermandelaroma
1–2 EL Weißwein
* * *
1 Eiweiß
Krokant

Mehl salzen, mit der Butter verbröseln und mit den restlichen Zutaten zu einem glatten Teig verarbeiten; ½ Stunde ruhen lassen.

Eine 2 bis 3 cm dicke Rolle formen, mit leicht geschlagenem Eiweiß bepinseln und in Krokant wälzen; einige Stunden kühl stellen.

Die Rolle – sie muss ganz hart sein – mit einem scharfen Messer in 3 mm dicke Scheiben schneiden; auf ein Backblech legen; mit dem restlichen Eiweiß bestreichen und mit Krokant bestreuen; bei 180 Grad goldbraun backen (10 bis 12 Minuten).

TIPP:
Eine hübsche Abwechslung: Die Hälfte der Scheiben an der unteren Seite mit Kuvertüre bestreichen.

LINZER AUGEN

160 g Butter
80 g Zucker
1 Paket Vanillezucker
1 Prise Salz
abgeriebene Schale
von ½ Zitrone
1 Eigelb
300 g Mehl
* * *
Marillenmarmelade
oder Ribiselgelee
Zucker

Butter, Zucker, Vanillezucker, Salz, Zitronenschale und Eigelb schaumig rühren; Mehl dazugeben, zu einem glatten Teig verarbeiten; 1 Stunde ruhen lassen.

Den Teig 3 mm dick auswalken, runde Plätzchen ausstechen (ca. 4 cm); in die Hälfte der Plätzchen mit einer Lochtülle 3 kleine Löcher stechen.

Bei 160 Grad hell backen (12 bis 15 Minuten).

Die glatten Scheibchen mit Marmelade oder Gelee bestreichen, die gelochten Scheibchen mit der Oberseite in Zucker tauchen und dann aufsetzen.

LINZER KRÄNZE

Eigelb passieren, mit Zucker, Butter, Vanillezucker und Salz schaumig rühren; mit Mehl vermischen, einen glatten Teig kneten; ½ Stunde kühl ruhen lassen.
Den Teig 3 bis 4 mm dick auswalken; Kränze ausstechen (glatte oder gewellte Taler, in deren Mitte man mit einem Fingerhut ein Loch aussticht), auf ein Backblech setzen.
Eigelb und Wasser verquirlen, die Kränze damit bestreichen, mit gehackten Mandeln bestreuen; bei 180 Grad hell backen (ca. 10 Minuten).
Nach dem Abkühlen je 2 Kränze mit Ribiselgelee zusammensetzen.

4 Eigelb, hart gekocht
80 g Zucker
200 g Butter
2 Pakete Vanillezucker
1 Prise Salz
300 g Mehl
* * *
1 Eigelb
1 KL Wasser
100 g Mandeln, geschält, gehackt
* * *
Ribiselgelee

MÄANDER

Butter, Zucker, passierte Eigelb, Ei, Salz und Zitronenschale schaumig rühren; Mehl einarbeiten, einen glatten Teig kneten; 1 Stunde im Kühlschrank ruhen lassen.
Nüsse, Kakao, Gewürze und Rum mischen. Den Teig halbieren. Jede Hälfte zu einem langen schmalen Rechteck ausrollen; mit Wasser bepinseln und mit der Hälfte der Walnussmischung bestreichen. Jede Teigplatte ganz fest aufrollen und dabei laufend mit Wasser bepinseln.
Die Rollen einige Stunden in den Kühlschrank stellen.
4 bis 5 mm starke Scheiben abschneiden; auf ein Backblech legen; bei 150 Grad ca. 15 Minuten hellbraun backen.

125 g Butter
50 g Zucker
2 Eigelb, hart gekocht
1 Ei
1 Prise Salz
abgeriebene Schale von 1 Zitrone
180 g Mehl
* * *
100 g Walnüsse, gerieben
1 KL Kakao
½ KL Zimt
1 MSp Nelken
1 EL Rum

Diamant aus Vanille

REBOULS *neue* KREATIONEN

DIAMANT AUS VANILLE

Diese einfach und schnell herzustellenden „Diamanten" schmecken wunderbar mürbe und buttrig.

In der Küchenmaschine mit dem Bischof die weiche Butter, Staubzucker, Salz, das Mark der Vanilleschote und Dotter vermischen. Mehl dazugeben und alles kurz vermischen.

Ca. 3 cm dicke Würste formen, im Kühlschrank ruhen lassen. Herausnehmen, mit Dotter bepinseln und in grobem Zucker wälzen. Mit einem Messer in ca. 1 cm dicke Scheiben schneiden. Auf ein mit einer Silikonmatte ausgelegtes Backblech legen. Bei 170 Grad 10 Minuten backen.

FÜR 50 STÜCK:

200 g Butter
80 g Staubzucker
3 g Salz
½ Vanilleschote
20 g Dotter
225 g Mehl
***
Dotter
grober Zucker

MAILÄNDER

220 g Butter
220 g Zucker
1 Prise Salz
1 EL Zitronensaft
2 Eier
75 g Mandeln, gerieben
350 g Mehl
* * *
1-2 Eigelb
1 KL Wasser

Butter, Zucker, Salz und Zitronensaft verrühren; Eier einzeln einrühren; Mandeln und gesiebtes Mehl dazumischen; Teig kneten; mindestens 1 Stunden im Kühlschrank ruhen lassen (der sehr weiche Teig lässt sich sonst kaum verarbeiten!).

Teig ca. ½ cm dick ausrollen; verschiedene Figuren (Tannenbäume, Herzen, Sterne, Monde, Glocken) ausstechen, auf ein Backblech legen.

Eigelb mit Wasser verquirlen und das Gebäck damit bestreichen. Bei 160 Grad goldbraun backen (15 bis 20 Minuten).

TIPP:

Nicht original, aber hübsch: Einen Teil der mit Eigelb bestrichenen Mailänder zusätzlich mit Hagelzucker bestreuen.

MALTESER

125 g Butter
100 g Zucker
1 Paket Vanillezucker
1 Prise Salz
1 Ei
80 g Haselnüsse, gerieben
250 g Mehl
* * *
Himbeermarmelade
* * *
Kuvertüre
Pistazien, gehackt

Butter, Zucker, Vanillezucker und Salz verrühren, mit dem Ei schaumig rühren; Haselnüsse und danach gesiebtes Mehl daruntermischen; zu einem glatten Teig kneten; ½ Stunde ruhen lassen.

Den Teig 3 bis 4 mm dick auswalken; 3 bis 4 cm große Scheiben ausstechen; bei 150 Grad hell backen (ca. 15 Minuten).

Je 2 Scheibchen mit Marmelade zusammensetzen.

Die Kuvertüre im Wasserbad schmelzen; die Malteser an der Oberseite und seitlich damit bestreichen; mit gehackten Pistazien bestreuen.

Mailänder

MANDELBLÄTTCHEN

100 g Butter
50 g Zucker
1 Prise Salz
abgeriebene Schale
von ½ Zitrone
1 KL Zitronensaft
1 MSp Kardamom
1 Eigelb
50 g Mandeln, geschält, gerieben
125 g Mehl
* * *
Marillenmarmelade
Mandelblättchen

Butter mit Zucker, Salz, Zitronenschale und -saft, Kardamom und Eigelb schaumig rühren; Mandeln und Mehl dazumischen; einen glatten Teig kneten, ½ Stunde ruhen lassen.

Den Teig ca. 3 mm dick auswalken; 4 cm große Scheiben ausstechen; 5 Minuten bei 170 Grad backen.

Die Scheiben nach kurzem Überkühlen so mit Marmelade bestreichen, dass ein schmaler Rand frei bleibt; mit Mandelblättchen bestreuen; zurück in das heiße Rohr stellen und in ca. 5 Minuten fertigbacken.

MANDELKISSEN

200 g Butter
50 g Zucker
2 Eigelb
1 Prise Salz
1 Prise Nelken
1 Prise Kardamom
70 g Mandeln, geschält, gerieben
250 g Mehl
* * *
1 Eiweiß
Hagelzucker
Mandeln, geschält, gehackt

Butter, Zucker und Eigelb mit Salz und den Gewürzen schaumig rühren; Mandeln und Mehl einarbeiten, einen glatten Teig kneten; 1 bis 2 Stunden kühl ruhen lassen.

Den Teig ½ cm dick ausrollen; mit einem Teigrädchen kleine Quadrate oder Rhomben schneiden; auf ein Backblech legen. Eiweiß ganz leicht schlagen. Die Kissen damit bepinseln, mit Hagelzucker und gehackten Mandeln bestreuen. Bei 180 Grad hell backen (ca. 12 Minuten).

MANDELSPEKULATIUS

Butter mit Zucker, Ei, Gewürzen, Salz und Zitronenschale schaumig rühren; Mandeln und in Milch verrührtes Hirschhornsalz dazumischen; Mehl einarbeiten, glatt kneten; Teig mindestens 6 Stunden, besser über Nacht, ruhen lassen.

Spekulatiusmodel sorgfältig mit Mehl ausstauben. Teig ca. 1/2 cm dick ausrollen, in die Model drücken; überstehenden Teig mit einem dünnen scharfen Messer wegschneiden und die Figuren vorsichtig herausklopfen. Auf ein mit gehobelten Mandeln bestreutes Backblech legen, mit Milch bestreichen. Bei 150 Grad hellbraun backen (10 bis 15 Minuten).

TIPP:

Spekulatius gehört zu den traditionsreichsten Weihnachtsgebäcken. Die mit Hilfe der – meist nach alten Mustern hergestellten – reich verzierten Model geformten „Keks-Bilder" schauen wirklich reizend aus; ihre Herstellung erfordert allerdings Geduld und Fingerspitzengefühl. Als zeitsparende Alternative kann der Spekulatiusteig auch dünn (1 bis 2 mm) ausgewalkt und beliebig ausgestochen werden.

250 g Butter
150 g brauner Zucker
150 g Zucker
1 Ei
1 KL Zimt
½ KL Kardamom
½ KL Nelken
1 MSp Muskatblüte
1 Prise Salz
abgeriebene Schale von 1 Zitrone
100 g Mandeln, geschält, gerieben
2 EL Milch
1 MSp Hirschhornsalz
450 g Mehl
* * *
Mehl
Mandeln, gehobelt
Milch

MANDELSTIFTE

125 g Butter
125 g Zucker
abgeriebene Schale
von 1 Zitrone
1 Paket Vanillezucker
1 Prise Salz
1 Ei
* * *
125 g Mandeln,
geschält, gerieben
125 g Mehl
* * *
2 Eier
1–2 KL Wasser
* * *
ca. 150 g Mandeln,
geschält, gerieben
6 EL Zucker

Butter, Zucker, Zitronenschale, Vanillezucker, Salz und Ei schaumig rühren; Mandeln und Mehl einarbeiten; einen glatten Teig kneten; 1 bis 2 Stunden kühl ruhen lassen. Bleistiftstarke Rollen formen und in ca. 4 bis 5 cm lange Stücke schneiden. Eier mit Wasser verquirlen; Mandeln und Zucker mischen.

Teigstangen panieren – zuerst in Ei, dann in gezuckerten Mandeln wälzen –, auf ein Backblech legen, hell backen (ca. 15 Minuten bei 180 Grad).

TIPP:
Um gleichmäßige Stifte zu erhalten, kann man einen Kartonstreifen oder einen Zahnstocher in der richtigen Länge als Maß zuschneiden.

MARIANDLN

180 g Mehl
1 Prise Salz
90 g Butter
75 g Zucker
1 Paket Vanillezucker
1 Ei
* * *
150 g Marzipanrohmasse
40 g Zucker
* * *
Ribiselgelee
* * *
1 EL Ribiselgelee
1–2 EL heißes Wasser
1 EL Rum
8 gehäufte EL Zucker

Mehl salzen, mit Butter verbröseln; Zucker, Vanillezucker und Ei dazumischen, einen glatten Teig kneten; ½ Stunde ruhen lassen.

Den Teig 2 bis 3 mm dick auswalken; kleine Scheibchen ausstechen (ca. 3 cm), hell backen (10 bis 15 Minuten bei 160 Grad).

Marzipanrohmasse und Zucker verkneten; 2 bis 3 mm dick auswalken; runde Scheiben in der gleichen Größe wie die Teigscheiben ausstechen.

Die Hälfte der gebackenen Plätzchen an der Oberseite dünn mit Ribiselgelee bestreichen, je eine Marzipanscheibe darauflegen; die restlichen Plätzchen an der Unterseite mit Ribiselgelee bestreichen und daraufsetzen.

Ribiselgelee mit heißem Wasser glatt rühren; Rum und Zucker dazugeben, zu einer glatten Glasur verrühren und die Mariandln oben und seitlich damit bepinseln.

MARIATHERESIENTALER

Mehl salzen, mit Butter verbröseln; mit den restlichen Zutaten zu einem mürben Teig verarbeiten; 1 Stunde kühl ruhen lassen.
Den Teig 3 bis 4 mm dick ausrollen, 2 bis 3 cm große Plätzchen ausstechen; bei 170 Grad in ca. 10 Minuten hell backen.
Marzipanrohmasse mit Zucker verkneten, dünn auswalken und gleich große Scheiben wie die Plätzchen ausstechen. Orangenmarmelade passieren. Kuvertüre im Wasserbad schmelzen.
Die gebackenen Taler mit Orangenmarmelade bestreichen, je eine Marzipanscheibe darübergeben. Die Taler mit Kuvertüre bestreichen.

TIPP:
Eine Spielerei, die hübsch aussieht: Aus den Marzipanresten kleine Kugeln formen; je eines auf die noch feuchte Glasur geben.

150 g Mehl
1 Prise Salz
70 g Zucker
1 Paket Vanillezucker
80 g Haselnüsse, gerieben
* * *
250 g Marzipanrohmasse
100 g Zucker
* * *
Orangenmarmelade
Kuvertüre

MERANER STANGEN

200 g Mehl
1 MSp Backpulver
1 Prise Salz
100 g Butter
80 g Zucker
1 Paket Vanillezucker
1 Prise Nelken
3 Tropfen Bittermandelaroma
1 Eigelb
½ Eiweiß
* * *
½ Eiweiß
Mandelblättchen
* * *
Marillenmarmelade
Kuvertüre

Mehl mit Backpulver auf ein Brett sieben, salzen und mit der Butter verbröseln; mit den übrigen Zutaten mischen, einen glatten Teig kneten; 1 Stunde ruhen lassen. Den Teig ca. 2 mm dick auswalken, in 12 bis 14 mm schmale, ca. 6 cm lange Stangen radeln, auf ein Backblech legen.

Eiweiß mit einer Gabel verquirlen; die Stangen damit bepinseln und sofort mit Mandelblättchen bestreuen; bei 150 Grad goldgelb backen (12 bis 15 Minuten).

Marillenmarmelade erwärmen, durch ein Sieb streichen, je 2 Stangen damit zusammensetzen (Unterseite an Unterseite). Kuvertüre im Wasserbad schmelzen. Die zusammengesetzten Stangen mit beiden Enden ca. 1 cm hineintauchen; trocknen lassen.

MOHNKRINGEL

180 g Butter
100 g Zucker
1 Paket Vanillezucker
1 EL Zitronensaft
abgeriebene Schale von 1 Zitrone
1 Prise Salz
1 Ei
100 g Mohn, gerieben
200 g Mehl
* * *
8 EL Zucker
2 EL Zitronensaft
2-3 EL heißes Wasser
* * *
Liebesperlen oder Schokoladenstreusel

Butter, Zucker, Vanillezucker, Zitronensaft und -schale, Salz und Ei schaumig rühren; geriebenen Mohn und zuletzt das Mehl einarbeiten, glatt kneten; kurz ruhen lassen.

Schwach bleistiftstarke Rollen formen; in 10 cm lange Stücke schneiden (am besten ein Papiermaß verwenden, damit die Stücke schön gleichmäßig werden). Ringe formen, dabei die Enden fest zusammendrücken; bei 180 Grad in 10 bis 15 Minuten hell backen.

Zucker, Zitronensaft und Wasser glatt rühren. Mohnringe mit Zitronenglasur bestreichen und sofort mit Liebesperlen oder Schokoladenstreuseln bestreuen.

MONDSEER STANGEN

Butter, Zucker, Vanillezucker, Salz, Nelken, Kakao, Ei und Rum verrühren; Haselnüsse dazugeben, Mehl darübersieben, vermischen; einen glatten Teig kneten.

Teig in einen Spritzsack mit größerer Sterntülle (Größe 7) füllen, 4 bis 5 cm lange Stangen auf ein Backblech spritzen. Bei 150 Grad ca. 12 Minuten backen.

Die Stangen nach kurzem Abkühlen an der Oberseite in Zucker tauchen.

Die Kuvertüre vorsichtig schmelzen, die Stangen an beiden Enden ½ cm eintauchen.

180 g Butter
100 g Zucker
1 Paket Vanillezucker
1 Prise Salz
1 Prise Nelken
2 EL Kakao
1 Ei
1 EL Rum
100 g Haselnüsse, gerieben
180 g Mehl
***
Zucker
Kuvertüre

MÜHLVIERTLER STANGEN

Butter, Zucker und Eigelb schaumig rühren, Mandeln und Mehl einarbeiten.

Den weichen Teig zu einem 5 bis 6 mm dicken Rechteck auswalken.

Eiweiß steif schlagen; Zucker löffelweise zugeben, weiterschlagen, bis der Schnee schnittfest ist. Die Schaummasse auf die Teigplatte streichen; ½ Stunde trocknen lassen.

Mit einem Teigrädchen 1 cm breite, ca. 4 cm lange Stangen schneiden; bei 190 Grad ca. 15 Minuten backen.

TIPP:
Ich streue noch einige gehackte Mandeln auf den Eischnee.

60 g Butter
100 g Zucker
2 Eigelb
150 g Mandeln, geschält, gerieben
50 g Mehl
***
2 Eiweiß
140 g Zucker

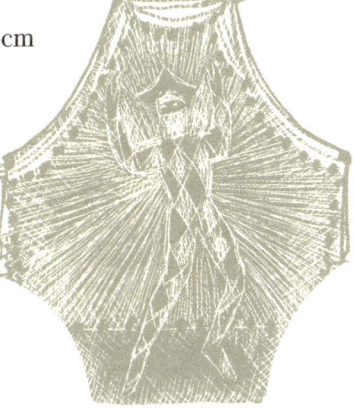

Bretonischer Walnuss-Sablé

REBOULS
neue
KREATIONEN

BRETONISCHER WALNUSS-SABLÉ

Dieses Rezept bietet eine wunderbare Geschmacks-Mischung aus Butter, Salz und Karamell. Für die Füllung können auch andere Nüsse verwendet werden, ich wollte aber eine Nuss nehmen, die zur Adventszeit in und aus Österreich erhältlich ist.

FÜR CA. 70 STÜCK:

90 g Dotter
200 g Zucker
5 g Salz
225 g Butter
20 g Backpulver
300 g Mehl
* * *
Fett für die Formen
* * *
KARAMELL-WALNUSS-FÜLLUNG:
50 g Glukose
100 g Zucker
125 ml Obers
70 g Butter, gesalzen
120 g Walnüsse,
   grob gebrochen
* * *
grobes Meersalz

In der Küchenmaschine mit dem Bischof Dotter, Zucker und Salz leicht schaumig rühren. Weiche Butter dazugeben und weiter rühren, bis die Masse leicht schaumig ist. Backpulver und Mehl zusammen sieben und dazugeben. Die Masse zwischen 2 Lagen Backpapier auf 5 mm ausrollen und kaltstellen.

Mit einem runden Ausstecher mit 3 cm Durchmesser ausstechen und in gefettete Mini-Tarteformen aus Metall oder Silikon füllen.

Bei 170 Grad 15 Minuten backen. Der Teig geht zuerst auf und fällt dann in der Mitte wieder zusammen. So entsteht eine Mulde, in der die Füllung gut platziert werden kann.

Für die Füllung Glukose aufkochen und den Zucker nach und nach dazugeben, bis ein heller Karamell entstanden ist. Mit heißem Obers ablöschen, die Butter dazugeben und noch etwas weiter köcheln lassen. Walnüsse darunter mischen.

In alle Tartes etwas Walnusskaramell geben und eine Flocke grobes Meersalz darauf setzen.

MÜRBCHEN

90 g Butter
60 g Butterschmalz
90 g Zucker
1 Eigelb
1 KL Arrak (Cognac)
abgeriebene Schale von 1 Zitrone
1 Prise Salz
220 g Mehl
* * *
Zucker
Zimt

Butter, Butterschmalz und Zucker verrühren; mit Eigelb, Arrak, Zitronenschale und Salz schaumig rühren; gesiebtes Mehl einarbeiten; einen glatten Teig kneten; 2 Stunden kühl ruhen lassen.

Den Teig 4 bis 5 mm dick auswalken; beliebige Figuren ausstechen; bei 180 Grad hell backen (ca. 12 Minuten).

Noch heiß in einer Mischung aus Zucker und Zimt wenden; bis zum vollständigen Auskühlen nebeneinander legen.

NUSSBÄLLCHEN

140 g Butter
125 g Zucker
1 Prise Salz
1 Paket Vanillezucker
2 KL Rum
80 g Walnüsse, gerieben
80 g Mehl
* * *
4 EL Zucker
1 EL Zitronensaft
2 EL heißes Wasser
* * *
Walnüsse

Die Butter bräunen und wieder erstarren lassen.

Butter, Zucker, Salz, Vanillezucker und Rum dickschaumig rühren; Walnüsse und Mehl einarbeiten.

Aus der Masse (sie ist etwas bröselig) kleine Kugeln formen; bei 160 Grad in 15 bis 20 Minuten hell backen.

Zucker, Zitronensaft und Wasser verrühren und so lange im Wasserbad erwärmen, bis der Zucker gelöst ist.

Die gebackenen Kugeln dünn mit Zitronenglasur bepinseln und ein kleines Nussstückchen obenauf setzen.

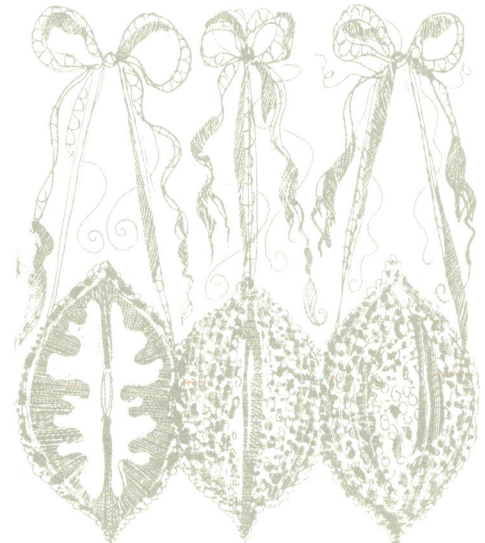

NUSSBREZELN

Mehl salzen, mit der Butter verbröseln; mit den übrigen Zutaten mischen; einen glatten Teig kneten, 2 Stunden kühl ruhen lassen.

Aus dem Teig schwach bleistiftstarke Stangen rollen, in ca. 15 cm lange Stücke schneiden; Brezeln formen; auf ein Backblech legen; bei 180 Grad hell backen (12 bis 15 Minuten).

Zucker mit Kirschwasser und heißem Wasser zu einem dünnen Guss verrühren; die Brezeln damit bestreichen und, solange die Glasur noch feucht ist, mit gehackten Nüssen bestreuen.

TIPP:
Ich bestreue einen Teil der Brezeln mit Liebesperlen oder Schokoladenstreuseln.

200 g Mehl
1 Prise Salz
200 g Butter
160 g Zucker
abgeriebene Schale von ½ Zitrone
1 MSp Kardamom
100 g Walnüsse gerieben
2 KL Kirschwasser
* * *
4 gehäufte EL Zucker
2 EL Kirschwasser
2 EL heißes Wasser
Walnüsse, gehackt

ORANGENBLÜTEN

Butter, Zucker, Ei, Orangenschale und Salz schaumig rühren; Mehl darübersieben; alles zu einem glatten Mürbteig verarbeiten; ½ Stunde ruhen lassen.

Den Teig ca. 3 mm dick auswalken; 2 bis 3 cm große gezackte Plätzchen ausstechen; bei 160 Grad hell backen (ca. 15 Minuten).

Zucker, Orangensaft, Grand Marnier und Wasser zu einer glatten Glasur verrühren; die Plätzchen damit bestreichen; in die Mitte ein Stückchen kandierte Orangenschale geben oder mit gehackten Arancini bestreuen.

120 g Butter
120 g Zucker
1 Ei
1 EL abgeriebene Orangenschale
1 Prise Salz
250 g Mehl
* * *
6 EL Zucker
1 EL Orangensaft
1 KL Grand Marnier
1 EL heißes Wasser
* * *
kandierte Orangenschale oder Arancini

PFAFFENKÄPPCHEN

125 g Butter
125 g Zucker
abgeriebene Schale
von 1 Zitrone
1 Prise Salz
1 Ei
240 g Mehl
* * *
Marmelade nach Wunsch
* * *
1 Eigelb
1 KL Wasser

Butter, Zucker, Zitronenschale, Salz und Ei schaumig rühren; Mehl einarbeiten. Einen Teig kneten, ½ Stunde ruhen lassen.

Teig ca. 2 mm dick ausrollen; 5 bis 6 cm große Scheiben ausstechen; 1 Mokkalöffel Marmelade (Ribisel-, Himbeer-, Erdbeer-, Marillenmarmelade – alles ist geeignet) in die Mitte geben.

Den Teig von 3 Seiten zusammenschlagen und fest zusammendrücken, sodass kleine Käppchen entstehen; auf ein Blech geben; 4 bis 5 Stunden ruhen lassen.

Eigelb mit Wasser verquirlen; Käppchen damit bestreichen; bei 180 Grad in ca. 20 Minuten goldbraun backen.

TIPP:
Bei diesem Rezept ist es wichtig, dass man schnell arbeitet; wenn die Teigscheiben trocken sind, lassen sie sich nicht mehr richtig biegen.

PRASSELSTANGEN

100 g Mehl
1 Prise Salz
150 g Butter
150 g Schokolade, gerieben
100 g Zucker
1 Paket Vanillezucker
1 KL Rum
50 g Mandeln, gerieben
2 Eigelb
* * *
1 Eiweiß
2 EL Zucker
2-3 EL Mandeln, gehobelt

Mehl salzen, mit Butter verbröseln; übrige Zutaten dazugeben; einen glatten Teig kneten; ½ Stunde ruhen lassen.

Den Teig halbieren; jede Hälfte zu einem 2 mm dicken Rechteck auswalken, mit leicht geschlagenem Eiweiß bestreichen; mit Zucker und gehobelten Mandeln bestreuen; trocknen lassen.

Möglichst gleichmäßige ½ cm breite, ca. 4 cm lange Streifen radeln; in Abständen auf ein Backblech legen; bei 180 Grad ca. 10 Minuten backen.

Punschsterne
(Rezept auf Seite 162)

PUNSCHSTERNE

200 g Mehl
1 Prise Salz
100 g Butter
80 g Zucker
1 Eigelb
1 EL Rum
* * *
5 EL Zucker
1 EL Rum
2-3 EL heißes Wasser
rote Lebensmittelfarbe
* * *
Schokoladenstreusel,
kandierte Kirschen
oder Pistazien

Mehl leicht salzen, mit der Butter verbröseln und mit den übrigen Zutaten zu einem glatten Teig verkneten; ½ Stunde ruhen lassen.

Teig 3 mm dick auswalken; kleine Sterne ausstechen; bei 160 Grad hell backen (ca. 10 Minuten).

Zucker, Rum und Wasser gut verrühren, mit ganz wenig Lebensmittelfarbe rosa färben. Die Sterne mit der Punschglasur bestreichen; mit etwas Schokoladenstreuseln (ein kleines Häufchen in die Mitte geben), einem Stück kandierter Kirsche oder ½ Pistazie verzieren.

TIPP:
Punschsterne können auch mit Ribiselmarmelade zusammengesetzt und dann glasiert werden.

PYRAMIDEN

300 g Mehl
1 Prise Salz
200 g Butter
100 g Zucker
abgeriebene Schale
von 1 Zitrone
2 Eigelb
* * *
Ribiselmarmelade
Zucker

Mehl salzen, mit Butter abbröseln; Zucker, Zitronenschale und Eigelb einarbeiten, einen glatten Teig kneten; ½ Stunde ruhen lassen.

Den Teig 2 mm dick ausrollen; gezackte Scheiben in 3 Größen (von 1½ bis ca. 4 cm) ausstechen; bei 170 Grad hell backen.

Ribiselmarmelade leicht erwärmen; jeweils 3 Scheiben übereinanderkleben. Die fertigen Pyramiden dick mit Zucker bestreuen.

TIPP:
Die Pyramiden können auch mit Zitronenguss glasiert werden: 6 Esslöffel Zucker mit 1 Esslöffel Zitronensaft und 2 Esslöffel heißem Wasser verrühren.

RAHMKRAPFEN

Mehl salzen und mit der Butter verbröseln; mit den übrigen Zutaten mischen; einen glatten Teig kneten; 1 Stunde in den Kühlschrank stellen.
Den Teig ca. 3 mm dick auswalken; runde oder gezackte, 3 bis 4 cm große Scheibchen ausstechen; die Hälfte auf ein Backblech legen.
Marmelade und Haselnussblättchen mischen; kleine Tupfen davon in die Mitte jeder Scheibe geben. Die restlichen Plätzchen daraufsetzen; an den Rändern leicht festdrücken.
Sauerrahm, Zucker, Zimt und Eigelb glatt rühren; die Plätzchen damit bestreichen; bei 200 Grad in 12 bis 15 Minuten goldgelb backen.

220 g Mehl
1 Prise Salz
70 g Butter
70 g Zucker
1 Paket Vanillezucker
½ KL Zimt
1 MSp Koriander
abgeriebene Schale
   von ½ Zitrone
125 ml Sauerrahm
* * *
Himbeermarmelade
Haselnussblättchen
* * *
1 EL Sauerrahm
1 KL Zucker
¼ KL Zimt
1 Eigelb

RIEDER STANGEN

Mehl und Backpulver auf ein Brett sieben, salzen, mit der Butter verbröseln; mit den restlichen Zutaten zu einem glatten Teig verkneten; ½ Stunde ruhen lassen.
Aus dem Teig bleistiftstarke Rollen formen, in 3 bis 4 cm lange Stücke schneiden; bei 160 Grad in 12 bis 15 Minuten blass backen. Die Kuvertüre im Wasserbad schmelzen; die abgekühlten Stangen mit beiden Enden ca. 1 cm in die Kuvertüre tauchen.

TIPP:
Ich tauche die noch feuchten Enden in gehackte Haselnüsse.

180 g Mehl
½ KL Backpulver
1 Prise Salz
80 g Butter
60 g Zucker
abgeriebene Schale
   von ½ Zitrone
1 Ei
1 KL Rum
* * *
Kuvertüre

SALZBURGER NUSSKRAPFERL

150 g Butter
75 g Zucker
abgeriebene Schale
von ½ Zitrone
1 MSp Koriander
1 Prise Salz
1 Ei
1 EL Kirschwasser
100 g Walnüsse, gerieben
150 g Mehl
100 g Stärkemehl
* * *
100 g Butter
100 g Zucker
100 g Walnüsse, gerieben
4 EL Marillenmarmelade, passiert
2 EL Kirschwasser
* * *
Zucker
Walnüsse, halbiert oder geviertelt

Butter, Zucker, Zitronenschale, Koriander, Salz, Ei und Kirschwasser schaumig rühren; Nüsse dazumischen, Mehl und Stärkemehl darübersieben; einen glatten Teig kneten; ½ Stunde kühl ruhen lassen.

Teig 4 bis 5 mm dick ausrollen, 3 bis 4 cm große Plätzchen ausstechen, bei 180 Grad ca. 12 Minuten hell backen.

Für die Füllung Butter, Zucker, Walnüsse, Marmelade und Kirschwasser unter ständigem Rühren erhitzen; abkühlen lassen. Die Hälfte der gebackenen Plätzchen mit Nussfüllung bestreichen, die restlichen mit der Oberseite in Zucker tauchen und auf die mit Füllung bestrichenen setzen.

In die Mitte der fertigen Nusskrapfen ½ bis 1 Mokkalöffel übriggebliebene Füllung geben; je eine halbierte (oder geviertelte) Nuss daraufsetzen.

SCHOKOBRÖTCHEN

125 g Butter
100 g Zucker
1 Paket Vanillezucker
1 Prise Salz
1 Prise Zimt
1 Eigelb
200 g Mehl
* * *
1 Eiweiß
70 g Zucker
70 g Schokolade, gerieben
50 g Haselnüsse, gerieben
1 EL Cognac

Butter, Zucker, Vanillezucker, Salz, Zimt und Eigelb schaumig rühren; Mehl darübersieben; einen glatten Teig kneten; 1 Stunde kühl ruhen lassen.

Eiweiß steif schlagen, mit Zucker, Schokolade, Haselnüssen und Cognac verrühren.

Teig 2 bis 3 mm dick ausrollen, 4 cm große Scheiben ausstechen; Schneemasse in der Mitte der Teigscheiben verteilen; bei 170 Grad ca. 20 Minuten backen.

SCHOKOKUGELN

Mehl salzen, mit der Butter abbröseln; restliche Zutaten dazugeben, einen glatten Teig kneten; ½ Stunde ruhen lassen.
Daumendicke Rollen formen und in bleistiftdicke Stücke schneiden; aus jedem Stück eine Kugel formen. Auf ein Backblech setzen. In der Mitte jeder Kugel mit einem in Mehl getauchten Kochlöffelstiel eine Vertiefung anbringen. Bei 170 Grad 12 bis 15 Minuten backen.
Aus Eiweiß und Zucker eine dickflüssige Masse rühren; in die Vertiefung der Kugeln füllen und eine halbierte Pistazie obendrauf geben.

TIPP:
Ich verziere einen Teil der Kugeln mit kandierten Ananasstückchen.

220 g Mehl
1 Prise Salz
180 g Butter
80 g Zucker
1 Paket Vanillezucker
1 Prise Koriander
1 MSp abgeriebene Orangenschale
60 g Schokolade, gerieben
2 Eigelb
* * *
1 Eiweiß
4 gehäufte EL Zucker
Pistazien, halbiert

SCHOKOLADENSTENGLI

Butter, Zucker, Vanillezucker, Salz und Zimt verrühren; Kakao daruntermischen; Rum und Ei dazurühren; Mehl einarbeiten.
Teig in einen Spritzsack mit größerer Sterntülle (Größe 7) füllen; 5 bis 6 cm lange Stangen auf ein Backblech spritzen; bei 180 Grad 10 bis 15 Minuten backen.
Die Oberseite noch heiß in Zucker tauchen.

180 g Butter
100 g Zucker
1 Paket Vanillezucker
1 Prise Salz
1 Prise Zimt
2 EL Kakao
1 EL Rum
1 Ei
200 g Mehl
* * *
Zucker

Schokoladenbrezeln

Mehl salzen und mit der Butter verbröseln; mit den übrigen Zutaten mischen; einen glatten Teig kneten. ½ Stunde ruhen lassen. Schwach bleistiftstarke Rollen formen und ca. 15 cm lange Stücke schneiden; Brezeln formen, bei 180 Grad ca. 12 Minuten backen. Kuvertüre im Wasserbad schmelzen. Brezeln in Kuvertüre tauchen, gut abtropfen lassen, auf Alufolie zum Trocknen legen.

Tipp: Sehr lustig sieht es aus, wenn man einen Teil der Brezeln mit Liebesperlen bestreut.

- 220 g Mehl
- 1 Prise Salz
- 150 g Butter
- 80 g Zucker
- 2 EL Kakao
- 1 KL abgeriebene Orangenschale
- 2 Eigelb
- Kuvertüre

HORNBERGS
Klassiker

SCHOKOLADENBREZELN

Mehl salzen und mit der Butter verbröseln; mit den übrigen Zutaten mischen; einen glatten Teig kneten; ½ Stunde ruhen lassen.

Schwach bleistiftstarke Rollen formen und in ca. 15 cm lange Stücke schneiden; Brezeln formen, bei 180 Grad ca. 12 Minuten backen.

Kuvertüre im Wasserbad schmelzen. Brezeln in Kuvertüre tauchen, gut abtropfen lassen, auf Alufolie zum Trocknen legen.

TIPP:
Sehr lustig sieht es aus, wenn man einen Teil der Brezeln mit Liebesperlen bestreut.

220 g Mehl
1 Prise Salz
150 g Butter
80 g Zucker
2 EL Kakao
1 KL abgeriebene Orangenschale
2 Eigelb
* * *
Kuvertüre

SCHOKONÜSSE

150 g Butter
150 g Zucker
150 g Schokolade, gerieben
240 g Haselnüsse, gerieben

Butter und Zucker schaumig rühren; Schokolade und Nüsse dazumischen. Mit nassen Händen nussgroße Kugeln formen, auf ein Backblech setzen; 2 Stunden kühl stellen.

Die Schokonüsse bei 150 Grad gerade so lange backen, dass sie innen noch weich sind (ca. 10 Minuten).

TIPP:
Ich tauche die fertigen Schokonüsse zur Hälfte in Kirschglasur: 4 Esslöffel Zucker mit 1 Esslöffel Kirschwasser und 1 Esslöffel heißem Wasser verrühren.

SCHOKOSPITZBUBEN

150 g Butter
100 g Zucker
2 Pakete Vanillezucker
1 Prise Salz
abgeriebene Schale
von ½ Zitrone
1 KL Zitronensaft
1 KL Rum
150 g Mandeln, geschält, gerieben
200 g Mehl
* * *
Ribiselgelee
Zucker
* * *
50 g Schokolade
½ KL Kokosfett
50 g Zucker
3 EL Wasser

Butter, Zucker, Vanillezucker, Zitronenschale, -saft und Rum schaumig rühren; Mandeln und Mehl dazugeben, einen glatten Teig kneten; ½ Stunde ruhen lassen.

Teig 3 bis 4 mm dick ausrollen. Dieselbe Anzahl von ca. 4 cm große Scheiben und Lochscheiben (in die Mitte mit einem Fingerhut oder einer großen glatten Tülle ein Loch machen) ausstechen; bei 150 Grad hell backen (12 bis 15 Minuten).

Scheiben und Lochscheiben mit erwärmtem, glatt gerührten Ribiselgelee zusammensetzen und sofort mit Zucker bestreuen.

Schokolade und Kokosfett im Wasserbad schmelzen; Zucker und Wasser 5 Minuten kochen, abkühlen lassen; löffelweise mit der Schokolade mischen, dabei gut glatt rühren. In die Mitte der zusammengesetzten Plätzchen ½ bis 1 Mokkalöffel Schokoladeglasur geben.

SCHOKOTALER

Butter, Zucker und Vanillezucker verrühren; Ei und Eigelb dazumischen, schaumig rühren; Schokolade und Mehl einarbeiten; glatt kneten; 1 Stunde kühl stellen.
Aus dem Teig Rollen mit dem Durchmesser eines Euro formen; über Nacht in den Kühlschrank stellen; dann in 3 bis 4 mm dicke Scheibchen schneiden; bei 170 Grad 12 bis 15 Minuten backen.
Weiße Schokolade mit der Butter im Wasserbad schmelzen, mit Cognac verrühren. Eiweiß mit dem löffelweise zugegebenen Zucker steif schlagen; unter die Schokoladenmasse rühren.
Je 2 Taler mit Creme zusammensetzen. Die restliche Creme in einen kleinen Spritzsack mit glatter Lochtülle füllen (es geht auch ein kleiner Plastiksack, von dem man eine Spitze abschneidet); in die Mitte jedes Plätzchens einen Tupfen Creme spritzen.

TIPP:
Die Taler können zusätzlich mit Schokoladenstreuseln, Liebesperlen oder Mandelstiften verziert werden.

150 g Butter
120 g Zucker
1 Paket Vanillezucker
1 Ei
1 Eigelb
60 g Schokolade, gerieben
180 g Mehl
* * *
100 g weiße Schokolade
20 g Butter
1 KL Cognac
1 Eiweiß
80 g Zucker

SCHREIBERKRAPFEN

250 g Mehl
1 Prise Salz
200 g Butter
125 g Zucker
abgeriebene Schale von 1 Zitrone
1 KL Zitronensaft
½ KL Koriander
1 Prise Nelken
200 g Nüsse
1 Ei
* * *
1 Packung Nougat
* * *
8 EL Zucker
2 EL Zitronensaft
2-3 EL heißes Wasser
* * *
Pistazien, halbiert

Mehl salzen, mit der Butter verbröseln; mit den restlichen Zutaten mischen; einen glatten Teig kneten; 2 Stunden kühl stellen.

Den Teig ca. 3 mm dick auswalken; 3 bis 4 cm große Scheibchen ausstechen; bei 180 Grad hell backen (10 bis 15 Minuten).

Die Nougatmasse gerade so weit erwärmen, dass sie streichfähig wird (am besten in einem lauwarmen Wasserbad); je 2 Scheibchen mit Nougatmasse zusammensetzen.

Zucker mit Zitronensaft und Wasser zu einem glatten Guss verrühren. Die Schreiberkrapfen mit der Zitronenglasur bepinseln und mit halbierten Pistazien verzieren.

TIPP:
Ich steche außer den Scheibchen auch Kleeblätter, Herzchen und Sterne aus – das sieht sehr nett aus!

SCHWARZ-WEISS-BÄCKEREI

350 g Mehl
1 Prise Salz
250 g Butter
125 g Zucker
1 Paket Vanillezucker
abgeriebene Schale von 1 Zitrone
* * *
2 EL Kakao

Mehl salzen, mit der Butter verbröseln; Zucker, Vanillezucker und Zitronenschale dazumischen; einen glatten Teig kneten; die Hälfte des Teiges mit Kakao verkneten. Beide Teige 20 Minuten ruhen lassen; nach einer der folgenden Arten weiterverarbeiten:

SCHACHBRETT: Aus hellem Teig eine dünne rechteckige Platte auswalken. Je ein Stück dunklen und hellen Teig 5 bis 6 mm dick auswalken; in gleich

Schwarz-weiß-Bäckerei

dicke Streifen schneiden; helle und dunkle Streifen schachbrettartig auf die helle Teigplatte legen und dabei mit Wasser bepinseln, sodass die einzelnen Teigstücke gut aneinanderhaften; zuletzt die dünne helle Teigplatte von allen Seiten darüberschlagen; kalt stellen.

SCHNECKEN: Aus hellem und dunklem Teig gleich große, schmale Rechtecke auswalken (ca. 2 mm dick); die dunkle Platte mit Wasser bepinseln; die helle Platte darauflegen, leicht festdrücken und mit Wasser bepinseln; das so entstandene Rechteck von der Längsseite her fest einrollen; kalt stellen.

PFAUENAUGEN: Aus hellem Teig ein ca. 3 mm dickes schmales Rechteck auswalken; aus dunklem Teig eine gut fingerdicke Rolle formen, auf die mit Wasser bepinselte helle Teigplatte legen, einrollen; kalt stellen.

ZEBRAS: Hellen und dunklen Teig 3 bis 4 mm dick auswalken; in ca. 3 cm breite Streifen schneiden; jeweils 3 helle und 3 dunkle Streifen abwechselnd übereinanderlegen, dabei immer mit Wasser bepinseln; festdrücken und kalt stellen.

MARMORKEKSE: Dunkle und helle Teigstücke in beliebigem Mengenverhältnis (eignet sich sehr gut zum Verarbeiten der Teigreste) locker zusammenkneten (sie dürfen sich nicht vermischen!); eine 3 bis 4 cm dicke Rolle formen; kalt stellen.

Die Bäckerei mindestens 4 Stunden im Kühlschrank lassen, dann in 2 bis 3 mm dicke Scheiben schneiden; bei 180 Grad 10 bis 15 Minuten backen.

SPITZBUBEN

Butter, Zucker, Vanillezucker, Salz, Rum und Ei schaumig rühren; Mandeln dazugeben; Mehl einarbeiten, einen glatten Teig kneten; 1 Stunde kühl ruhen lassen.

Den Teig 3 bis 4 mm dick auswalken, 3 bis 4 cm große Scheiben ausstechen. Aus der Hälfte dieser Plätzchen mit einer Lochtülle je 3 kleine Löcher ausstechen.

Scheiben und Lochscheiben bei 180 Grad ca. 10 Minuten hell backen.

Die gelochten Scheiben sofort mit Zucker bestreuen. Nach dem Abkühlen die glatten Scheiben mit Ribiselgelee bestreichen und die gelochten Scheiben aufsetzen.

TIPP:
Leichter geht es mit speziellen „Spitzbubenausstechern", die die Arbeit wesentlich vereinfachen.

125 g Butter
100 g Zucker
1 Paket Vanillezucker
1 Prise Salz
1 EL Rum
1 Ei
60 g Mandeln, geschält, gerieben
250 g Mehl
* * *
Zucker
Ribiselgelee

SPRITZBÄCKEREI

Butter, Zucker, Zitronenschale, Zimt und Salz verrühren; Eigelb dazugeben, schaumig rühren; Mandeln einarbeiten; Mehl untermischen.

Die Masse in einen Spritzsack mit größerer Sterntülle (Größe 7) füllen; 3 bis 4 cm lange Stangen und/oder größere Tupfen auf ein mit Backpapier belegtes Backblech spritzen; bei 180 Grad in ca. 12 Minuten goldgelb backen.

Das sehr mürbe Gebäck nach dem Überkühlen vom Blech nehmen; jedes Stück zur Hälfte in geschmolzene Kuvertüre tauchen, auf Alufolie trocknen lassen.

220 g Butter
110 g Zucker
abgeriebene Schale von 1 Zitrone
1 Prise Zimt
1 Prise Salz
3 Eigelb
75 g Mandeln, geschält, gerieben
250 g Mehl
* * *
Kuvertüre

Spitzbuben
(Rezept Seite 173)

TIPP:
Bei diesem Gebäck ist wichtig, dass die Mandeln wirklich fein gerieben sind, gröbere Stücke verstopfen die Sterntülle!

STUDENTENBRÖTCHEN

Mehl salzen, mit Butter verbröseln; die übrigen Zutaten dazugeben; rasch einen mürben Teig kneten; ca. 1 Stunde kühl ruhen lassen.

Den Teig 2 bis 3 mm dick auswalken; ca. 4 cm große Plätzchen ausstechen; 6 Minuten bei 180 Grad backen. Eiweiß ganz leicht schlagen; mit Zucker und Mandeln verrühren.

Die Mandelmasse auf die vorgebackenen Scheiben verteilen (geht am besten mit einem in kaltes Wasser getauchten Löffelrücken); mit einem nassen Kochlöffelstiel eine kleine Vertiefung in die Mitte drücken und etwas Ribiselgelee hineingeben. Bei 160 Grad in ca. 12 Minuten fertig backen.

TIPP:
Ich fülle die Studentenbrötchen mit verschiedenen Marmeladen: Außer Ribisel sind Himbeeren oder Marillen sehr gut geeignet.

180 g Mehl
1 Prise Salz
150 g Butter
50 g Zucker
1 Eigelb
1 EL Rum
* * *
1 Eiweiß
125 g Zucker
125 g Mandeln, geschält, gehackt
* * *
Ribiselgelee

VANILLEBUSSERL

175 g Butter
120 g Zucker
2 Pakete Vanillezucker
1 Prise Salz
abgeriebene Schale
von 1 Zitrone
1 Ei
1 Eigelb
120 g Mandeln, geschält,
gerieben
220 g Mehl
* * *
Kuvertüre
Butter

Butter, Zucker, Vanillezucker, Salz, Zitronenschale, Ei und Eigelb schaumig rühren; mit Mandeln und Mehl mischen; 1 Stunde kalt stellen.

Mit einem Kaffeelöffel kleine Teigstückchen abstechen, zu Kugeln formen, bei 170 Grad hell backen (12 bis 15 Minuten).

Die Kuvertüre im Wasserbad schmelzen und mit ganz wenig Butter glatt rühren; die Busserl zur Hälfte in die Kuvertüre tauchen, gut abstreifen, auf Alufolie trocknen lassen.

WIENER MONDE

150 g Mehl
1 Prise Salz
150 g Butter
150 g Topfen (10 %)
150 g Zucker
1 Paket Vanillezucker
* * *
1 Ei
½ KL Honig

Mehl salzen, mit Butter verbröseln; Topfen und Zucker einarbeiten, rasch zu einem glatten Teig kneten; ½ Stunde kühl stellen; nochmals durchkneten und für 1 weitere Stunde in den Kühlschrank stellen.

Den Teig 4 bis 5 mm dick ausrollen; Monde ausstechen, auf ein Backblech geben.

Ei mit leicht erwärmtem Honig verrühren, die Monde damit bestreichen; bei 200 Grad goldbraun backen (10 bis 15 Minuten).

TIPP:
Nach dem gleichen Rezept können auch Herzen oder Sterne zubereitet werden.

ZIMTKARTEN

Das Mehl salzen und mit der Butter verbröseln; Zucker, Gewürze, Zitronenschale und Eigelb dazumischen; einen glatten Teig kneten; ½ Stunde ruhen lassen.
Den Teig 2 mm dick ausrollen; mit einem Teigrädchen kleine Karten schneiden (ca. 2 mal 4 cm), auf ein Backblech geben.
Die Eiweiß steif schlagen; die Karten mit dem festen Schnee bestreichen und mit je einer halbierten Mandel (oder 3 Mandelstiften) belegen.
Bei 150 Grad 5 bis 10 Minuten backen.

250 g Mehl
1 Prise Salz
150 g Butter
100 g Zucker
2 KL Zimt
1 Prise Nelken
abgeriebene Schale
   von 1 Zitrone
2 Eigelb
* * *
2 Eiweiß
Mandeln, geschält,
   halbiert, oder gestiftelt

ZIMTKRÄNZE

Butter, Zucker, Zimt und Salz schaumig rühren; Haselnüsse und Mehl einarbeiten; einen glatten Teig kneten, ½ Stunde ruhen lassen.
Den Teig ca. 4 mm dick ausrollen; ca. 4 cm große gezackte Scheiben ausstechen; in der Mitte mit einem Fingerhut ein Loch ausstechen. Die Kränze bei 170 Grad ca. 15 Minuten backen.
Nach kurzem Abkühlen glasieren: Zucker mit Zitronensaft und Wasser glatt rühren; Zimt nach und nach darüberstreuen. Zimt und Glasur nur ganz leicht vermengen; die Glasur soll marmoriert wirken!

TIPP:
Ich verwende beim Ausstechen der „Löcher" keinen Fingerhut, sondern eine Mini-Sternform. Die kleinen Sternchen backe ich ebenfalls, sie lassen sich gut als weihnachtliche Tischdekoration verwenden.

125 g Butter
125 g Zucker
1 KL Zimt
1 Prise Salz
125 g Haselnüsse, gerieben
180 g Mehl
   * * *
8 EL Zucker
½ KL Zitronensaft
3-4 EL heißes Wasser
1-2 EL Zimt

Vanillekipferl

Hornbergs Klassiker

VANILLEKIPFERL

Mehl salzen, mit Butter verbröseln; Mandeln, Zucker und Eigelb dazumischen; rasch einen mürben Teig kneten; ½ Stunde kühl ruhen lassen.

Aus dem Teig daumendicke Rollen formen; in kleine Stücke schneiden; aus den Stückchen Kipferl formen, auf ein Backblech legen und hell backen (ca. 15 Minuten bei 180 Grad).

Die fertigen Kipferl nach kurzem Überkühlen in mit Vanillezucker gemischtem Zucker wenden.

TIPP:

Ich bereite immer eine größere Menge Staubzucker-Vanillezucker-Gemisch vor; die sehr zerbrechlichen Kipferl lassen sich dann besser wenden. Den Rest siebe ich und verwende ihn für die nächste Bäckerei statt reinem Staubzucker.

210 g Mehl
1 Prise Salz
180 g Butter
70 g Mandeln, geschält, gerieben
50 g Zucker
2 Eigelb
* * *
Staubzucker
Vanillezucker

ZIPFELMÜTZEN

125 g Butter
100 g Zucker
1 Paket Vanillezucker
1 Prise Salz
2 KL Cognac
1 Ei
200 g Mehl
1 MSp Backpulver
* * *
250 g Nougat
50 g Mandeln, gerieben
12 Biskotten
1–2 EL Orangenlikör
1 Eiweiß
2 EL Zucker
* * *
Kuvertüre mit Butter
Mandelstifte

Butter und Zucker verrühren, mit Vanillezucker, Salz, Cognac und Ei schaumig rühren; Mehl und Backpulver mischen, darübersieben; einen glatten Teig kneten; 2 Stunden kühl ruhen lassen.

Den Teig 3 bis 4 mm dick auswalken, kleine runde Plätzchen (ca. 3 cm) ausstechen; bei 170 Grad in 10 bis 15 Minuten hell backen.

Nougat mit Mandeln, zerdrückten Biskotten und Orangenlikör verrühren; Eiweiß mit Zucker zu lockerem Schnee schlagen und mit der Nougatmasse mischen; kleine Kugeln formen und bergartig auf die Mürbteigscheiben drücken.

Kuvertüre mit etwas Butter schmelzen; die Zipfelmützen verkehrt eintauchen, gut abtropfen lassen, einen Mandelstift in die Mitte stecken.

ZITRONENBREZELN

100 g Butter
50 g Zucker
1 Paket Vanillezucker
1 Prise Salz
abgeriebene Schale
und Saft von ½ Zitrone
1 Eigelb
100 g Mandeln,
geschält, gerieben
100 g Mehl
* * *
8 EL Zucker
2 EL Zitronensaft
4 EL heißes Wasser

Butter, Zucker, Vanillezucker, Salz, Zitronenschale und -saft mit Eigelb schaumig rühren; Mandeln einarbeiten, Mehl dazugeben; einen glatten Teig kneten; 2 Stunden kühl ruhen lassen.

Schwach bleistiftstarke Rollen formen; in 12 bis 15 cm lange Stücke schneiden, Brezeln formen; bei 160 Grad in 10 bis 15 Minuten hell backen. Zucker, Zitronensaft und Wasser im Wasserbad zu einer dünnen Glasur verrühren.

Die Brezeln nach dem Überkühlen mit Zitronenglasur bepinseln.

VARIATIONEN AUS EISCHNEE

LUFTIG ZARTE Bäckerei aus Eischnee, fein gewürzt und mit Mandeln, Nüssen usw. verfeinert, gehört zu den beliebtesten weihnachtlichen Naschereien. Gleichgültig ob Sie einfache Windbäckerei, auf der Zunge zergehende Busserl oder kunstvoll geformte Eischneebäckerei zubereiten, der Erfolg wird Ihnen sicher sein. Und: Diese Bäckereien schmecken nicht nur köstlich, sie sind auch blitzschnell zubereitet und bieten darüber hinaus eine ideale Gelegenheit, angesammelte Eiweißreste zu verbrauchen.

Das einfachste Gebäck aus Eischnee ist die Windbäckerei (Spanischer Wind, Baisers). Windmasse ist ein fester Schaum aus geschlagenem Eiweiß und Zucker, der durch Geschmackszutaten verfeinert oder – dem Auge zuliebe – gefärbt wird. Windbäckerei wird auf Backtrennpapier gespritzt und mehr getrocknet als gebacken. Sie ist dann „gar", wenn sie sich leicht von der Unterlage lösen lässt. Windbäckerei muss bis zum Gebrauch luftig und trocken aufbewahrt werden.

Am bekanntesten sind wohl die Busserl oder Makronen. Sie bestehen aus steifgeschlagenem Eischnee, dem Mandeln, Nüsse usw. zugesetzt werden. Dadurch und durch die Beigabe verschiedenster Gewürze und Verfeinerer erhält man eine große Familie zarter Gebäckstücke, die sich wohl äußerlich ähneln, geschmacklich aber ganz verschieden sind. Eines aber haben alle diese Busserl usw. gemeinsam: Sie dürfen bei geringer Temperatur gerade nur so lange backen, dass sie innen noch leicht feucht sind. Sie müssen sofort nach dem Auskühlen in gut schließende Dosen geschichtet werden (eventuell noch zusätzlich mit einem Stück Folie abdecken), da sie leicht austrocknen und hart werden.

Ähnlich verhält es sich mit jenen Gebäckstücken, bei denen so viel Mandeln usw. in den Schnee gegeben werden, dass ein formbarer Teig entsteht. Auch diese Bäckereien – denken wir nur an die zarten Zimtsterne – dürfen nicht zu lange gebacken werden, da sie sonst steinhart werden. Die Aufbewahrung ist die gleiche wie bei den Makronen: in gut schließenden Dosen, in die man (auf Folie) noch einige Kartoffel- oder Apfelscheiben legen kann.

ANISSCHÄUMCHEN

Die Eiweiß steif schlagen; Zitronensaft und Zucker löffelweise dazugeben; weiterschlagen, bis der Schnee steife Spitzen bildet. Staubzucker und Anis unterheben.

Die Masse in einen Spritzsack mit mittlerer Sterntülle füllen. Auf ein mit Backtrennpapier belegtes, mit Anis bestreutes Backblech kleine Berge spritzen; bei 120 Grad 20 bis 30 Minuten backen; die Schäumchen müssen fast weiß bleiben.

Kuvertüre im Wasserbad schmelzen, in eine kleine Pergamenttüte geben und die Schäumchen damit verzieren.

2 Eiweiß
½ KL Zitronensaft
100 g Zucker
40 g Staubzucker
1 KL Anis, gemahlen
* * *
Anis
* * *
Kuvertüre

CHRISTBAUMRINGE

6 Eiweiß
¼ KL Zitronensaft
360 g Zucker
* * *
2 Pakete Vanillezucker
1 EL Himbeersirup
2–3 Tropfen rote
Lebensmittelfarbe
2 EL Schokolade, gerieben
* * *
Liebesperlen, Schokoladenstreusel oder Haselnüsse, gehackt

Eiweiß mit Zitronensaft steif schlagen; ¾ des Zuckers dazugeben, dabei weiterschlagen, bis der Schnee glänzend und schnittfest geworden ist; den restlichen Zucker vorsichtig einrühren.

Den Schnee in 3 Teile teilen:
– einen Teil mit Vanillezucker würzen,
– einen Teil mit Himbeersirup würzen und zusätzlich rosa färben,
– einen Teil mit Schokolade verarbeiten.

Jede Masse in einen Spritzbeutel mit mittlerer Sterntülle (Größe 5–6) füllen, möglichst gleichmäßige Ringe mit einem Durchmesser von 3 bis 4 cm auf ein Blech spritzen und je nach Wunsch mit Liebesperlen, Schokoladenstreuseln oder gehackten Haselnüssen verzieren.
Bei 120 Grad 15 bis 20 Minuten backen.

HIMBEERSCHÄUMCHEN

2 Eiweiß
3 Tropfen Zitronensaft
120 g Zucker
2 EL Himbeersirup
2 Tropfen rote
Lebensmittelfarbe
* * *
Zucker
Pistazien oder Pinienkerne

Eiweiß steif schlagen; Zitronensaft und Zucker langsam dazugeben, weiterschlagen, bis der Schnee glänzend und schnittfest geworden ist; Himbeersirup und Lebensmittelfarbe vorsichtig darunterheben.

Den Schnee in einen Spritzsack mit mittlerer Sterntülle (Größe 5) füllen; kleine Häufchen auf ein Backblech spritzen; mit Zucker bestreuen und mit einer Pistazie oder einem Pinienkern verzieren; bei 120 Grad mehr trocknen als backen (25 bis 30 Minuten).

Christbaumringe

SCHOKOBAISERS

2 Eiweiß
5 Tropfen Zitronensaft
120 g Zucker
1 Paket Vanillezucker
1 Prise Ingwer
* * *
Kuvertüre

Eiweiß mit Zitronensaft steif schlagen; ¾ des Zuckers löffelweise einschlagen; den restlichen Zucker, Vanillezucker und Ingwer darunterheben.

Die Masse in einen Spritzsack mit mittlerer Lochtülle füllen, gut kirschgroße Häufchen auf ein Backblech spritzen, bei 120 Grad backen.

Kuvertüre im Wasserbad schmelzen und die Minibaisers damit überziehen.

SCHOKOBERGE

2 Eiweiß
140 g Zucker
80 g Schokolade, gerieben
5 Tropfen Bittermandelaroma
2 KL Rum
100 g Kokosraspeln

Eiweiß steif schlagen, den Zucker löffelweise dazugeben; Schokolade, Bittermandelaroma, Rum und zuletzt die Kokosraspeln unter den Schnee mischen.

Mit 2 Kaffeelöffeln kleine Berge auf ein Backblech geben; bei 150 Grad leicht backen (ca. 15 Minuten).

TIPP:
Ich verziere die Schokoberge mit einem Stückchen Zitronat, das ich vor dem Backen auf das Häufchen lege.

SCHOKOLADENKÜSSCHEN

2 Eiweiß
80 g Zucker
60 g Staubzucker
1 Paket Vanillezucker
1 Prise Koriander
60 g Schokolade, gerieben

Eiweiß steif schlagen; Zucker löffelweise dazugeben, weiterschlagen, bis der Schnee glänzend und schnittfest geworden ist. Staubzucker, Vanillezucker, Koriander und Schokolade vorsichtig darunterheben.

Die Masse in einen Spritzsack mit größerer Lochtülle füllen; Tupfen in der Größe eines Euro auf ein Backblech spritzen; bei 110 Grad mehr trocknen als backen (15 bis 20 Minuten).

TIPP:
Ich setze jeweils 2 Küsschen mit Nougatmasse zusammen.

WINDSTANGEN

Eiweiß mit Zitronensaft steif schlagen; Zucker löffelweise einschlagen, bis der Schnee glänzend und schnittfest ist; Staubzucker und Vanillezucker darunterheben. Die Masse in einen Spritzsack mit größerer Sterntülle (Größe 7) füllen; 4 bis 5 cm lange Stangen auf ein Backblech spritzen; mit gehackten Haselnüssen bestreuen, bei 120 Grad 15 bis 20 Minuten backen.
Die fertigen Windstangen je nach Wunsch belassen oder mit einem oder beiden Enden in geschmolzene Kuvertüre tauchen.

2 Eiweiß
3 Tropfen Zitronensaft
80 g Zucker
40 g Staubzucker
1 Paket Vanillezucker
* * *
Haselnüsse, gehackt
* * *
Kuvertüre

ANNASTANGEN

Eiweiß steif schlagen; Zitronensaft und ¾ des Zuckers langsam dazugeben, bis der Schnee schnittfest geworden ist. Den restlichen Zucker, Vanillezucker, Zitronenschale, Kokosraspeln und Semmelbrösel über den Eischnee geben, vorsichtig einmischen.
Backoblaten in ca. 6 cm breite Streifen schneiden, die Kokosmasse dick daraufstreichen; auf ein Backblech legen, bei 120 Grad gerade so lange backen, bis die Oberfläche zu bräunen beginnt.

2 Eiweiß
5 Tropfen Zitronensaft
120 g Zucker
1 Paket Vanillezucker
abgeriebene Schale
von 1 Zitrone
120 g Kokosraspeln
20 g Semmelbrösel
* * *
rechteckige Backoblaten
* * *
Kuvertüre

Windstangen
(Rezept auf Seite 189)

Die Streifen nach dem Überkühlen in gut fingerdicke Stangen schneiden.
Kuvertüre im Wasserbad schmelzen und die Stangen mit beiden Enden eintauchen.

BÄRENTATZEN

Eiweiß steif schlagen, den Zucker löffelweise dazugeben; Zimt, Zitronenschale, Schokolade und Mandeln dazugeben, gut verkneten.
Eine daumendicke Rolle formen, ca. fingerbreite Stücke abschneiden, kurz in Staubzucker wenden, dann in die Bärentatzenform drücken. Die Tatzen durch leichtes Klopfen aus der Form lösen. Bei 180 Grad in 10 bis 15 Minuten so backen, dass sie außen knusprig, innen aber noch weich sind.

TIPP:
Haben Sie keine Bärentatzenform, so formen Sie nussgroße Kugeln. Geben Sie sie auf ein Blech und drücken Sie dabei die Unterseite flach.

2 Eiweiß
140 g Zucker
½ KL Zimt
abgeriebene Schale
  von ½ Zitrone
120 g Schokolade, gerieben
160 g Mandeln, gerieben
* * *
Staubzucker

BRUNSLI

Eiweiß leicht verquirlen, mit dem Zucker verrühren; Vanillezucker, Zimt, Kirschwasser und Schokolade dazugeben; Mandeln einarbeiten, gut verkneten.
Den Teig auf einem mit Zucker bestreuten Brett ca. ½ cm dick ausrollen; beliebige Formen ausstechen; bei 120 Grad ca. 15 Minuten ganz leicht backen.

2 Eiweiß
200 g Zucker
1 Paket Vanillezucker
1 MSp Zimt
1 EL Kirschwasser
80 g Schokolade, gerieben
200 g Mandeln, gerieben
* * *
Zucker

„Weihnachtsbaum" aus Ribisel- & Pistazien-Macarons

REBOULS *neue* KREATIONEN

RIBISEL- & PISTAZIEN-MACARONS

Mandelmehl und Staubzucker in der Küchenmaschine ganz fein hacken (nicht zu lange, sonst tritt das Öl aus den Mandeln). Zucker und Wasser auf 118 Grad kochen. Hälfte des Eiweißes leicht schaumig schlagen. Gekochten Zucker einfließen lassen. Schlagen, bis ein fester, ca. 50 Grad warmer Schnee entstanden ist.

Mandel-Zucker-Staub und restliches Eiweiß kurz mischen, Schnee mit einem Gummispachtel unterheben. Die Masse soll leicht rinnen und glänzen. Einen Teil grün, den anderen rot färben.

Mit einem Dressiersack mit Lochtülle (8 mm) auf ein mit Backpapier belegtes Blech Kreise mit 3 cm Durchmesser dressieren (Abstand lassen, Macarons gehen in die Breite). Die Masse sollte ganz leicht verlaufen, wenn nicht, noch etwas mixen.

Macarons kurz ruhen lassen. Fühlen sie sich trocken an, sind sie fertig zum Backen. Bei 160 Grad 12 Minuten backen. Backpapier auf ein Gitter oder eine Arbeitsfläche ziehen, Macarons auskühlen lassen.

Für die Ribiselfüllung Marzipan weichkneten. In der Küchenmaschine mit dem Bischof Marmelade einarbeiten. Butter zugeben und leicht schaumig rühren. Pistazienfüllung ebenso herstellen. Je 2 rote Macarons mit Ribisel- und 2 grüne mit Pistazienfüllung zusammensetzen.

500 g Mandelmehl
500 g Staubzucker
450 g Zucker
125 ml Wasser
320 g zimmertemperiertes Eiweiß
* * *
rote und grüne Lebensmittelfarbe
* * *
RIBISELFÜLLUNG:
100 g Marzipanrohmasse
100 g Ribiselmarmelade
100 g weiche Butter
* * *
PISTAZIENFÜLLUNG:
100 g Marzipanrohmasse
70 g Pistazienpaste
100 g weiche Butter

„WEIHNACHTSBAUM" (SIEHE BILD):

Einen Styroporzylinder in buntes Papier einpacken und auf eine mit Spritzglasur und silbernen Liebesperlen verzierte Styroporscheibe stellen. Macarons mit Zahnstochern am Zylinder befestigen, auf die Spitze einen verzierten Lebkuchenstern setzen.

DATTELMAKRONEN

2 Eiweiß
½ KL Zitronensaft
100 g Zucker
abgeriebene Schale
von ½ Zitrone
200 g Datteln,
getrocknet, entkernt
* * *
Kuvertüre

Eiweiß mit dem Zitronensaft steif schlagen, den Zucker löffelweise einschlagen; die Zitronenschale dazugeben. Die Datteln hacken, unter den Schnee heben.
Mit zwei Kaffeelöffeln kleine Häufchen auf ein Backblech setzen; bei 130 Grad hell backen (ca. 20 Minuten).
Kuvertüre im Wasserbad schmelzen, in ein kleines Pergamentstanitzel geben; erbsengroße Tupfen auf die fertigen Makronen spritzen.

TIPPS:
Ich gebe noch einige geschälte, gehackte Mandeln (ca. 50 g) zur Schneemasse.
Das Rezept kann auch mit gehackten getrockneten Feigen zubereitet werden.

ENGLÄNDER

2 Eiweiß
140 g Zucker
½ KL abgeriebene
Zitronenschale
½ KL Ingwerpulver
140 g Mandeln,
geschält, gestiftelt

Eiweiß steif schlagen; den Zucker löffelweise dazugeben, bis der Schnee glänzend und schnittfest geworden ist; Zitronenschale, Ingwerpulver und Mandeln darunterheben.
Mit Hilfe von 2 Kaffeelöffeln nussgroße Häufchen auf ein Backblech setzen, bei 120 Grad ganz hell backen (ca. 15 Minuten).

TIPP:
Ich mische noch 1 Kaffeelöffel feingehackten Ingwer unter die Schneemasse.

HANSENKÜSSE

Eiweiß zunächst allein und dann mit dem löffelweise zugegebenen Zucker schnittfest schlagen; Kardamom, Zitronenschale, Mandeln und die mit Rum vermischten Semmelbrösel unter den Schnee heben.
Mit 2 Kaffeelöffeln Häufchen auf ein Backblech setzen; mit gehackten Mandeln und Hagelzucker bestreuen; bei 120 Grad ganz hell backen (ca. 15 Minuten).

2 Eiweiß
140 g Zucker
1 MSp Kardamom
1 MSp abgeriebene Zitronenschale
120 g Mandeln, geschält, gerieben
2 EL Rum
20 g Semmelbrösel
* * *
Mandeln, gehackt
Hagelzucker

Der erste Schnee erregte schon liebliche Ahnungen, die bald verstärkt wurden, wenn es im Hause nach Pfeffernüssen, Makronen und Kaffeekuchen zu riechen begann, wenn am langen Tische der Herr Oberförster und sein Jäger mit den Marzipanmodeln ganz zahme, häusliche Dienste verrichteten ...

LUDWIG THOMA

HASELNUSSBUSSERL

Geriebene Haselnüsse in einer beschichteten Pfanne anrösten, abkühlen lassen. Eiweiß steif schlagen; den Zucker löffelweise einschlagen; die Haselnüsse darunterheben. Mit Hilfe von 2 Kaffeelöffeln kleine Häufchen auf ein Backblech setzen, bei 120 Grad ganz hell backen (15 bis 20 Minuten).

TIPP:
Ich drücke vor dem Backen halbierte Haselnüsse in die Mitte der Häufchen.

140 g Haselnüsse, gerieben
2 Eiweiß
140 g Zucker

KNUSPERSCHEIBEN

80 g Mandeln,
geschält, gerieben
100 g Mandeln,
geschält, gehackt
140 g Zucker
2 Eiweiß
* * *
Kuvertüre

Mandeln und Zucker miteinander mischen. Eiweiß ganz leicht schlagen; Mandel-Zucker-Mischung löffelweise dazurühren, sodass eine streichfähige Masse entsteht. Kleine Häufchen auf ein Backblech setzen, flachdrücken (am besten mit einem in kaltes Wasser getauchten Löffelrücken). Bei 200 Grad hacken, bis die Ränder braun zu werden beginnen (5 bis 10 Minuten).

Kuvertüre im Wasserbad schmelzen, in ein Pergamenttütchen geben und die Knusperscheiben damit verzieren.

TIPPS:

Für das Gelingen dieses Rezeptes ist die richtige Konsistenz der Mandelmasse sehr wichtig: Ist sie zu weich, fließen die Scheiben ineinander; ist sie zu fest, bleiben die Plätzchen zu dick. Am besten, Sie backen eine Probescheibe, so können Sie immer noch nach Bedarf einige Mandeln bzw. etwas Eiweiß oder einige Tropfen Wasser dazugeben.

Die Knusperscheiben schmecken besonders herzhaft, wenn man statt Mandeln Walnüsse verwendet.

KOKOSBUSSERL

2 Eiweiß
3 Tropfen Zitronensaft
140 g Zucker
1 Paket Vanillezucker
abgeriebene Schale
von 1 Zitrone
140 g Kokosraspeln

Eiweiß mit dem Zitronensaft steif schlagen; den Zucker löffelweise dazugeben; Vanillezucker, Zitronenschale und Kokosraspeln vorsichtig unter den Schnee heben.

Mit 2 Kaffeelöffeln kleine Häufchen auf ein Backblech setzen; bei 120 Grad ganz hell backen (15 bis 20 Minuten).

KOKOSNESTER

Eiweiß leicht schlagen, mit Zucker, Zitronenschale, Zimt und Kokosraspeln mischen; unter ständigem Rühren erhitzen, bis die Masse zu bräunen anfängt; abkühlen lassen.

Mit 2 Kaffeelöffeln gut nussgroße Häufchen auf ein Backblech setzen; mit einem Finger eine Vertiefung eindrücken, sodass Nestchen entstehen; bei 120 Grad in ca. 15 Minuten hell backen.

Orangenmarmelade leicht erwärmen, mit Cognac und feingehacktem Ingwer verrühren und die Nestchen damit füllen.

TIPP:
Die Nester können auch mit Marillenmarmelade oder Ribiselgelee gefüllt werden.

2 Eiweiß
100 g Zucker
abgeriebene Schale
   von ½ Zitrone
1 MSp Zimt
140 g Kokosraspeln
* * *
2 EL Orangenmarmelade
1 KL Cognac
½ KL kandierter Ingwer

MANDELBUSSERL

Eiweiß zunächst allein, dann mit dem löffelweise zugegebenen Zucker schlagen, bis der Schnee schnittfest und glänzend geworden ist. Restliche Zutaten unterheben.

Mit Hilfe von 2 Kaffeelöffeln kleine Häufchen auf ein Backblech setzen; bei 120 Grad ganz hell backen (ca. 15 Minuten).

2 Eiweiß
140 g Zucker
1 Paket Vanillezucker
1 Prise Kardamom
140 g Mandeln,
   geschält, gerieben

Nougat-Daquoise

REBOULS *neue* KREATIONEN

NOUGAT-DAQUOISE

Haselnussmehl und Staubzucker in einer Küchenmaschine mit Messer ganz fein hacken. Eiweiß schlagen und den Zucker nah und nach einrieseln lassen, bis ein fester Schnee entstanden ist.

Die Nuss-Zucker-Mischung und dann die zerlassene Butter unterheben (Vorsicht, die Masse sollte kaum an Volumen verlieren). Masse mit Hilfe einer runden Schablone mit 4 cm Durchmesser und 2 mm Höhe mit einer Winkelpalette auf eine Silikonmatte streichen. Schablone vorsichtig entfernen, Silikonmatte auf ein Backblech ziehen.

Teigkreise mit gehackten Pistazien bestreuen. Bei 170 Grad 10 Minuten leicht goldbraun backen.

Immer 2 Teigkreise mit Nuss-Nougat-Creme zusammensetzen. Kuvertüre vorsichtig schmelzen, in eine Spritztüte füllen und feine Striche über das Gebäck ziehen.

FÜR 100 STÜCK:

350 g Haselnussmehl
200 g Staubzucker
250 g Eiweiß
150 g Zucker
50 g Butter, geschmolzen
* * *
100 g Pistazien, gehackt
400 g Nuss-Nougat-Creme
dunkle Kuvertüre

MANDELSPÄNE

2 Eiweiß
50 g Zucker
50 g Staubzucker
1 Paket Vanillezucker
3 Tropfen Bittermandelaroma
60 g Mehl
100 ml Obers
100 g Mandelblättchen
* * *
Schokoladenstreusel

Eiweiß zunächst allein, dann mit dem löffelweise zugegebenen Zucker sehr steif schlagen. Staubzucker, Vanillezucker und Bittermandelaroma dazumischen; Mehl, Obers und Mandelblättchen vorsichtig einrühren.
Mit 2 Kaffeelöffeln Minihäufchen auf ein mit Backtrennpapier ausgelegtes Backblech geben (genügend große Abstände lassen), flach streichen; je nach Wunsch mit Schokoladenstreuseln bestreuen. Die Späne bei 200 Grad knusprig backen (5 bis 7 Minuten); die Ränder sollen braun werden.

TIPP:
Sollten sich die Mandelspäne schlecht lösen lassen, ziehen Sie am besten den ganzen Bogen Backtrennpapier auf ein feuchtes Tuch.

MARMORBERGE

2 Eiweiß
1 EL Zitronensaft
100 g Zucker
abgeriebene Schale
von 1 Zitrone
100 g Mandeln,
geschält, gerieben
100 g Schokoladenblättchen
* * *
Pinienkerne

Eiweiß mit einigen Tropfen Zitronensaft steif schlagen; ¾ des Zuckers löffelweise dazugeben, bis der Schnee schnittfest geworden ist. Den restlichen Zucker, Zitronensaft, Zitronenschale, Mandeln und Schokoladenblättchen unter den Schnee heben.
Mit 2 Kaffeelöffeln nussgroße „Berge" auf ein Backblech setzen, in die Mitte jedes Berges einen Pinienkern geben. Die Marmorberge bei 130 Grad ganz leicht backen (15 bis 20 Minuten).

HORNBERGS KLASSIKER

NUSSBUSSERL

Eiweiß steif schlagen; den Zucker löffelweise dazugeben, bis der Schnee schnittfest geworden ist; restliche Zutaten vorsichtig unter den Schnee heben.
Mit 2 Kaffeelöffeln nussgroße Häufchen auf ein mit Backtrennpapier ausgelegtes Backblech geben; ein Walnussviertel in die Mitte drücken. Die Makronen bei 120 Grad hell backen (15 bis 20 Minuten).

2 Eiweiß
140 g Zucker
abgeriebene Schale
  von ½ Zitrone
1 MSp Koriander
140 g Walnüsse, gerieben
* * *
Walnüsse, geviertelt

ORANGENBERGE

2 Eiweiß
140 g Zucker
1 KL abgeriebene Orangenschale
1 EL Arancini, gehackt
1 MSp Koriander
120 g Mandeln, geschält, gerieben
40 g Semmelbrösel
* * *
kandierte Orangenschale

Eiweiß steif schlagen; ¾ des Zuckers löffelweise dazugeben, bis der Schnee schnittfest geworden ist; den restlichen Zucker mit den übrigen Zutaten auf den Schnee häufen, vorsichtig unterheben.

Mit 2 Kaffeelöffeln nussgroße Häufchen auf ein Backblech setzen (oder nussgroße Bällchen formen); mit 1 oder 2 schmalen Streifen kandierter Orangenschale belegen; bei 120 Grad hell backen (15 bis 20 Minuten).

OTTILIENBRÖTCHEN

2 Eiweiß
180 g Zucker
1 MSp Zimt
1 MSp Nelken
180 g Walnüsse, gerieben
20 g Semmelbrösel
1 EL Rum
* * *
Zucker

Eiweiß und Zucker über Dampf dickschaumig rühren; 3 Esslöffel davon zur Seite stellen. Gewürze, Walnüsse und die mit Rum vermischten Semmelbrösel einrühren. Die Masse auf ein mit Zucker bestreutes Brett geben. Daumendicke Rollen formen und dick mit der zurückbehaltenen Eiweißmasse bestreichen. Die Rollen in Abständen von ca. 3 cm schräg einkerben; bei 140 Grad so backen, dass der Guss weiß bleibt (ca. 15 Minuten).

Die Rollen nach kurzem Überkühlen an den Kerbstellen in Brötchen schneiden.

PISTAZIENSTANGEN

Eiweiß, Zucker, Vanillezucker und Zitronenschale so lange über Dunst schlagen, bis die Masse dick geworden ist. Mandeln und Bittermandelaroma dazugeben, 2 bis 3 Minuten weiterrühren, auf ein mit Zucker bestreutes Brett geben, abkühlen lassen.

Aus der weichen Masse gut fingerdicke Rollen formen, in 4 bis 5 cm lange Stangen schneiden und auf ein Backblech legen. Die Stangen dicht mit Pinienkernen belegen; die Kerne gut hineindrücken. (Die Stangen werden dabei leicht flachgedrückt.)

Bei 120 Grad in 10 bis 15 Minuten blass backen. Zucker und Wasser aufkochen und die etwas abgekühlten Stangen damit bepinseln.

TIPP:
Ich ersetze einen Teil der geriebenen Mandeln durch geriebene Pinienkerne, die Stangen schmecken dann noch typischer.

2 Eiweiß
140 g Zucker
1 Paket Vanillezucker
abgeriebene Schale
  von ½ Zitrone
150 g Mandeln,
  geschält, gerieben
3 Tropfen Bittermandelaroma
* * *
Zucker
* * *
Pinienkerne
* * *
5 EL Zucker
4 EL Wasser

PRINZESSSCHEIBEN

Eiweiß steif schlagen, Zucker löffelweise dazugeben; Vanillezucker, Zitronenschale, Kirschwasser und Haselnüsse einrühren. Kirschgroße Häufchen auf ein Backblech setzen und flach auseinanderstreichen (geht am besten mit einem Löffelrücken, den man immer wieder in kaltes Wasser taucht).

Die Scheiben bei 120 Grad ca. 10 Minuten backen.

Die abgekühlten Scheiben an der flachen unteren Seite dick mit geschmolzener Kuvertüre bestreichen. Wenn

2 Eiweiß
100 g Zucker
1 Paket Vanillezucker
½ KL abgeriebene
  Zitronenschale
1 KL Kirschwasser
100 g Haselnüsse, gehackt
* * *
Kuvertüre

die Kuvertüre fest zu werden beginnt, mit einer Gabel wellenförmige Muster anbringen.

SCHOMOSTANGEN

3 Eiweiß
5 Tropfen Zitronensaft
210 g Zucker
110 g Mandeln, gerieben
110 g Schokolade, gerieben
* * *
1 Paket Nougatmasse

Eiweiß mit Zitronensaft steif schlagen; Zucker löffelweise dazugeben, schlagen, bis der Schnee schnittfest geworden ist; Mandeln und Schokolade vorsichtig mit dem Schnee mischen.

Die Masse in einen Spritzsack mit mittlerer Sterntülle füllen; 3 bis 4 cm lange Stangen auf das Backblech setzen; bei 150 Grad ca. 15 Minuten backen.

Nougatmasse ganz leicht erwärmen; je 2 Stangen damit zusammensetzen.

TUTTIFRUTTIS

100 g getrocknete Feigen
60 g Rosinen
60 g Korinthen
1 EL Rum
* * *
2 Eiweiß
120 g Zucker
1 Paket Vanillezucker
abgeriebene Schale von ½ Zitrone
120 g Mandeln, geschält, grob gehackt

Feigen, Rosinen und Korinthen kleinschneiden, mit Rum mischen, mindestens 3 Stunden stehen lassen.

Eiweiß zunächst allein, dann mit dem löffelweise zugegebenen Zucker schnittfest schlagen; Mandeln und marinierte Früchte dazugeben.

Mit 2 Kaffeelöffeln kleine Häufchen auf ein Backblech geben; bei 120 Grad hell backen (25 bis 30 Minuten).

Zimtsterne
(Rezept Seite 207)

WESPENNESTER

120 g Mandeln, geschält, gestiftelt
2 KL Staubzucker
* * *
2 Eiweiß
120 g Zucker
1 Paket Vanillezucker
1 Prise Zimt
80 g Schokolade, gerieben

Mandelstifte und Staubzucker in einer beschichteten Pfanne anrösten, bis der Zucker zu karamellisieren beginnt, abkühlen lassen.

Eiweiß steif schlagen, Zucker löffelweise dazugeben; Vanillezucker, Zimt, Schokolade und zuletzt die vorbereiteten Mandeln unter den Schnee heben.

Mit 2 Kaffeelöffeln nussgroße Häufchen auf ein Backblech setzen; bei 130 Grad in 15 bis 20 Minuten ganz hell backen (die Wespennester sollen innen noch weich sein).

WIENER BUSSERL

2 Eiweiß
3 Tropfen Zitronensaft
140 g Zucker
140 g Mandeln, geschält, gerieben
1 EL Kirschwasser
2 EL Pulverkaffee
* * *
Schoko-Kaffeebohnen

Eiweiß mit dem Zitronensaft steif schlagen; den Zucker löffelweise dazugeben; Mandeln und im Kirschwasser gelösten Kaffee vorsichtig unter den Schnee ziehen.

Die Masse in einen Spritzsack mit glatter Lochtülle füllen; 1-Euro-große Häufchen auf ein Backblech spritzen; je eine Schoko-Kaffeebohne in die Mitte geben.

Die Busserl bei 110 Grad langsam backen (ca. 20 Minuten).

WITWENKÜSSE

2 Eiweiß
120 g Zucker
1 Paket Vanillezucker
1 MSp Ingwer
80 g Walnüsse, gerieben
40 g Walnüsse, gehackt
30 g Arancini, gehackt
* * *
Walnüsse

Eiweiß steif schlagen; den Zucker löffelweise dazugeben; Vanillezucker, Ingwer, Walnüsse und Arancini unter den Schnee mischen.

Mit Hilfe von 2 Kaffeelöffeln aus der Masse nussgroße Häufchen formen und auf ein Backblech setzen; Witwenküsse nach Wunsch mit halbierten oder geviertelten

Walnüssen belegen; bei 120 Grad in 15 bis 20 Minuten so backen, dass die Witwenküsse innen noch weich sind.

ZEDERNBRÖTLI

Eiweiß mit einigen Tropfen Zitronensaft steif schlagen; Zucker löffelweise dazugeben; restlichen Zitronensaft, Zitronenschale, Ingwer, Zitronat und Mandeln einrühren. Die Masse auf einem mit Zucker bestreuten Brett schwach fingerdick auswalken, in 2 bis 1 cm große Rhomben (oder Quadrate) schneiden; bei 120 Grad ganz hell backen (ca. 15 Minuten).
Staubzucker mit Zitronensaft und Wasser zu einem glatten Guss verrühren; die abgekühlten Brötli damit bepinseln und mit Zitronat bestreuen.

2 Eiweiß
2 KL Zitronensaft
250 g Zucker
abgeriebene Schale
  von 1 Zitrone
1 Prise Ingwer
40 g Zitronat, gehackt
280 g Mandeln, gerieben
* * *
Zucker
* * *
6 gehäufte EL Staubzucker
2 EL Zitronensaft
1-2 EL heißes Wasser
* * *
Zitronat, grob gehackt

ZIMTSTERNE

Eiweiß mit Zitronensaft steif schlagen; den Zucker löffelweise dazugeben, bis der Schnee schnittfest geworden ist. 2 oder 3 Esslöffel Schnee beiseite stellen. Zimt und geriebene Mandeln einrühren.
Teig auf einem mit Zucker bestreuten Brett ca. ½ cm dick auswalken; Sterne ausstechen und mit dem zurückbehaltenen Schnee bestreichen. Im Ofen bei 130 Grad so backen, dass der Schnee hell bleibt und die Zimtsterne innen noch weich sind (ca. 15 Minuten).

2 Eiweiß
3 Tropfen Zitronensaft
160 g Zucker
2 KL Zimt
200 g Mandeln, gerieben

KÖSTLICHES
AUS MARZIPAN

OB MARZIPAN von den Persern oder von den Arabern „erfunden" und dann über Griechenland und Italien (Marzipan = *Marci panem* – Brot des hl. Markus) nach Mitteleuropa gebracht wurde oder ob die Lübecker das erste Marzipan zubereiteten, mag dahingestellt bleiben. Tatsache ist, dass Marzipan bereits seit rund 500 Jahren in Mitteleuropa hergestellt wird.
Für alle, die sich entschließen, diese köstliche Schleckerei selbst zuzubereiten: Das dafür benötigte Rosenwasser ist im Fachhandel oder Apotheken erhältlich. Damit das Marzipan den köstlichen Geschmack bekommt, der gutes Marzipan auszeichnet, ist die Qualität des Rosenwassers entscheidend. Möglichst frisch muss es sein und den Duft der Rosen in sich bergen.
Marzipan wird meist roh verarbeitet. Es wird mit verschiedenen Geschmackszutaten (eventuell auch mit Lebensmittelfarbe) vermischt, geformt und getrocknet oder ganz kurz gebacken – ein Konfekt, das überall willkommen ist. Marzipan ist aber auch die Grundlage köstlicher Teige, die zu Plätzchen geformt und gebacken werden. Und, gleichgültig ob getrocknet oder gebacken: Am besten bewahrt man Marzipangebäck und -konfekt lagenweise in gut schließenden Dosen auf!

Mandeln erstlich, rat ich dir,
Nimm drei Pfunde, besser vier
(Im Verhältnis nach Belieben);
Diese werden nun gestoßen
Und mit ordinärem Rosen-
Wasser feinstens abgerieben.
Je auf's Pfund Mandeln akkurat
Drei Vierling Zucker ohne Gnad.
Denselben in den Mörsel bring,
Hierauf ihn durch ein Haarsieb schwing!
Von deinen irdenen Gefäßen
Sollst du mir dann ein Ding erlesen, –
Was man sonst eine Kachel nennt;
Doch sei sie neu zu diesem End!
Drein füllen wir den ganzen Plunder
Und legen frische Kohlen unter.
Jetzt rühr und rühr ohn Unterlass,
Bis sich verdicken will die Mass',
Und rührst du eine Stunde voll:
Am eingetauchten Finger soll
Das Kleinste nicht mehr hängen bleiben;
So lange müssen wir es treiben.

Nun aber bringe das Gebrodel
In eine Schüssel (der Poet,
Weil ihm der Reim vor allem geht,
Will schlechterdings hier einen Model,
indes der Koch auf Ersterer besteht)!
Darinne drück's zusammen gut;
Und hat es über Nacht geruht,
Sollst dus durchkneten Stück für Stück,
Auswellen messerrückendick
(Je weniger Mehl du streuest ein,
Um desto besser wird es sein).
Alsdann in Formen seis geprägt,
Wie man bei Weingebacknem pflegt;
Zuletzt – das wird der Sache frommen –
Den Bäcker scharf in Pflicht genommen,
Dass sie schön gelb vom Ofen kommen!

EDUARD MÖRIKE

MARZIPANROHMASSE

500 g Mandeln
8 Tropfen Bittermandelaroma
500 g Zucker
3-4 EL Rosenwasser
* * *
Zucker

Die Mandeln schälen, mindestens 1 Tag trocknen lassen und dann so fein wie möglich reiben.
Mandeln, Bittermandelaroma und Zucker mit dem Rosenwasser mischen und so lange unter ständigem Rühren erhitzen, bis die Masse zusammenballt und nicht mehr am Topfboden haftet.
Die Masse auf ein mit Zucker bestreutes Brett geben und so lange durchkneten, bis sie vollkommen homogen ist und nicht mehr an den Fingern klebt.

TIPP:
Marzipanrohmasse hält sich, gut in Folie verpackt, mehrere Wochen.

BETHMÄNNCHEN

250 g Mandeln, geschält, fein gerieben
250 g Zucker
1 Eiweiß
2-3 EL Rosenwasser
1 EL Stärkemehl
* * *
1 Ei
Mandeln, geschält, halbiert

Die sehr fein geriebenen Mandeln (am besten zweimal durch die Mandelmühle drehen) mit Zucker, dem zu leichtem Schnee geschlagenen Eiweiß, Rosenwasser und Stärkemehl zu einem festen Teig verkneten.
Nussgroße Kugeln formen und so auf ein Backblech setzen, dass kleine Kegel entstehen; mit verquirltem Ei bestreichen und je 3 Mandelhälften, mit den Spitzen nach oben, andrücken.
Die Bethmännchen 5 bis 6 Stunden trocknen lassen, dann bei 180 Grad auf der obersten Einschubleiste gerade so lange backen, dass sie Farbe annehmen.

TIPP:
Ich finde, die Bethmännchen werden besonders gut, wenn man sie ganz kurz unter den Grill schiebt.

DUCHESSERINGE

Die Marzipanrohmasse mit sämtlichen anderen Zutaten zu einer dicken Masse verrühren; in einen Spritzbeutel mit mittlerer Sterntülle (Größe 6) füllen; Ringe auf runde Oblaten spritzen; bei 150 Grad hellbraun backen (10 bis 15 Minuten).
Ribiselgelee leicht erwärmen. Die Duchesseringe mit den Oblaten vom Blech nehmen und 1 Mokkalöffel Ribiselgelee in die Mitte geben.

TIPP:
Ich fülle die eine Hälfte der Ringe mit Ribiselgelee (manchmal auch mit Himbeermarmelade), die andere mit Marillenmarmelade.

250 g Marzipanrohmasse
3 Eigelb
30 g Zucker
10 g Butter
abgeriebene Schale von ½ Zitrone
1 Prise Nelken
* * *
kleine runde Oblaten
* * *
Ribiselgelee

GROSSMUTTERS MARZIPANKONFEKT

Zucker und Rosenwasser 5 Minuten kochen; die Mandeln dazugeben, so lange weiter erhitzen, bis sich die Masse vom Topfboden löst; abkühlen lassen.
Die Marzipanmasse in 3 Teile teilen. Einen Teil mit Vanillezucker würzen, den zweiten Teil mit Schokolade dunkel färben, den dritten Teil mit Ribiselgelee würzen und zusätzlich mit 1 Tropfen roter Lebensmittelfarbe rosa färben.
Jeden Teil auf einem mit Zucker bestreuten Brett zu einer rechteckigen, 4 bis 5 mm dicken Platte auswalken. Die dunkle Platte mit Rosenwasser bestreichen, die helle Platte darauflegen und ebenfalls mit Rosenwasser bepinseln; zuletzt die rosa Platte darübergeben. Das Ganze mit

150 g Zucker
4-6 EL Rosenwasser
150 g Mandeln, geschält, gerieben
* * *
Vanillezucker
Schokolade, gerieben
1 EL Ribiselgelee
rote Lebensmittelfarbe
* * *
Zucker
Rosenwasser
* * *
4 gehäufte EL Zucker
1 EL Rum
2 EL heißes Wasser

Frankfurter Brenten

Die sehr fein geriebenen Mandeln mit Zucker und Rosenwasser mischen und so lange auf kleiner Flamme erwärmen, bis die Masse zusammenballt und sich vom Topfboden löst. 1 bis 2 Tage zugedeckt ruhen lassen. Die Marzipanmasse mit Eiweiß und Mehl verkneten; auf einem mit Zucker bestreuten Brett ca. 4mm dick auswalken. Gut mit Zucker bestreute Holzmodel auf den Teig drücken, sodass alle Konturen deutlich sichtbar werden. Die Brenten zurechtschneiden, auf ein Backblech legen und über Nacht trocknen lassen. Bei 150 Grad in 12 bis 15 Minuten leicht backen. Die Brenten müssen weiß bleiben!

250g Mandeln, geschält fein gerieben
250g Zucker
4 El Rosenwasser

1 Eiweiß
25g Mehl
Zucker

Tipp: Wer keine Holzmodel besitzt, kann den ausgewalkten Teig einfach in kleine Rechtecke schneiden.

HORNBERGS
Klassiker

FRANKFURTER BRENTEN

Die sehr fein geriebenen Mandeln mit Zucker und Rosenwasser mischen und so lange auf kleiner Flamme erwärmen, bis die Masse zusammenballt und sich vom Topfboden löst. 1 bis 2 Tage zugedeckt ruhen lassen.
Die Marzipanmasse mit Eiweiß und Mehl verkneten; auf einem mit Zucker bestreuten Brett ca. 4 mm dick auswalken. Gut mit Zucker bestreute Holzmodel auf den Teig drücken, sodass alle Konturen deutlich sichtbar werden. Die Brenten zurechtschneiden, auf ein Backblech legen und über Nacht trocknen lassen.
Bei 150 Grad in 12 bis 15 Minuten leicht backen. Die Brenten müssen weiß bleiben!

TIPP:
Wer keine Holzmodel besitzt, kann den ausgewalkten Teig einfach in kleine Rechtecke schneiden.

250 g Mandeln, geschält, fein gerieben
250 g Zucker
4 EL Rosenwasser
* * *
1 Eiweiß
25 g Mehl
* * *
Zucker

einem Brett beschweren und über Nacht stehen lassen. Zucker, Rum und Wasser zu einer dicken Glasur verrühren und die zusammengesetzte Marzipanplatte damit bestreichen; trocknen lassen. Die Marzipanplatte in 1 bis 2 cm große Würfel schneiden; in Papierkapseln geben.

HENRIETTEN

280 g Marzipanrohmasse
3 Eigelb
150 g Zucker
abgeriebene Schale
von 1 Zitrone
½ KL Zimt
1 Prise Kardamom
1 Prise Piment
1 Prise Salz
40 g Butter
2 EL Stärkemehl
* * *
Pistazien

Die Marzipanrohmasse mit Eigelb, Zucker, Zitronenschale, Gewürzen und Salz verrühren, zuletzt die weiche Butter und das Stärkemehl einrühren.
Die Masse in einen Spritzsack mit glatter Lochtülle (Größe 7) füllen; 1-Euro-große Häufchen auf ein Backblech spritzen; mit einer halben Pistazie belegen; bei 170 Grad goldbraun backen (ca. 12 Minuten).

KIRSCHKUGELN

200 g Marzipanrohmasse
50 g Zucker
2-3 EL Kirschwasser
* * *
Schokoladenstreusel
kandierte Kirschen

Marzipanrohmasse mit Zucker und Kirschwasser verkneten. Kleine Kugeln (etwa in der Größe einer Herzkirsche) formen und sofort in Schokoladenstreuseln wälzen; mit einer halben (oder viertel) kandierten Kirsche verzieren.
Die Kirschkugeln in Papierkapseln geben und einige Tage trocknen lassen.

TIPP:
Ich bepinsle die Kugeln, bevor ich sie in Schokoladenstreuseln wälze, mit etwas Rosenwasser oder Kirschwasser, dann haften die Streusel besser.

KLARASTANGEN

Die Haselnüsse mit Zucker, Orangenblütenwasser und Orangenlikör mischen und so lange unter ständigem Rühren erwärmen (geht am besten in einer in kochendes Wasser gestellten Schüssel), bis die Masse zusammenballt und sich vom Schüsselboden löst.
Kleinfingerdicke Rollen formen und in 4 cm lange Stangen schneiden. Die Stücke in gehackten Haselnüssen rollen (Nüsse dabei gut festdrücken) und dann auf einer Seite in geschmolzene Kuvertüre tauchen. Einige Tage trocknen lassen.

TIPP:
Ich wickle die fertigen Klarastangen in Zellophan.

100 g Haselnüsse, fein gerieben
100 g Zucker
3-4 EL Orangenblütenwasser
1 EL Orangenlikör
* * *
Haselnüsse, gehackt
Kuvertüre

KLEEBLÄTTER

Die Eigelb mit Butter, Zitronenschale, Salz und Zimt schaumig rühren; die Marzipanrohmasse einarbeiten.
Die Masse in einen Spritzsack mit großer glatter Tülle füllen; je 3 Punkte nebeneinander auf ein Blech setzen, sodass Kleeblätter entstehen. In die Mitte je eine halbe kandierte Kirsche setzen.
Die Kleeblätter bei 160 Grad in ca. 10 Minuten goldgelb backen.

3 Eigelb
80 g Butter
abgeriebene Schale von ½ Zitrone
1 Prise Salz
1 Prise Zimt
270 g Marzipanrohmasse
* * *
kandierte Kirschen

Amarena-Marzipan-Kugeln

REBOULS
neue
KREATIONEN

AMARENA-MARZIPAN-KUGELN

Für die kristallisierten Rosen Blütenblätter abzupfen, in Eiweiß tunken und leicht abschütteln. In Zucker wälzen und über Nacht trocknen lassen.

Aus dem Rohmarzipan eine Wurst mit 4 cm Durchmesser formen und in ½ cm dicke Scheiben schneiden. Scheiben in die eine Hand legen, mit dem Daumen der anderen Hand vorsichtig flachdrücken.

In die Mitte je eine Amarenakirsche platzieren und mit Marzipan umhüllen. Zwischen den Händen rollen, sodass eine gleichmäßige Kugel entsteht. Kugeln in pinkem Zucker wälzen, mit kristallisierten Rosenblättern und Pistazienhälften dekorieren.

FÜR 30 STÜCK:
200 g Rohmarzipan
30 Amarenakirschen
* * *
pinker Zucker
Pistazienhälften
* * *
KRISTALLISIERTE ROSEN:
rosa Rosenblüten
Eiweiß
Zucker

KÖNIGSBERGER MARZIPAN

400 g Marzipanrohmasse
2–3 EL Zucker
nach Geschmack
* * *
Rosenwasser
1 Eigelb
* * *
3 gehäufte EL Zucker
1 EL Zitronensaft
1–2 EL heißes Wasser
* * *
kandierte Früchte

Die Marzipanrohmasse mit Zucker (die Menge ist Geschmackssache) verkneten.

Die Masse 4 bis 5 mm dick auswalken; Herzen oder Scheiben ausstechen, auf ein Backblech legen. Aus den beim Ausstechen überbleibenden Resten dünne Rollen formen. Die Marzipanherzen oder -scheiben am Rand mit Rosenwasser bepinseln. Die Röllchen rundherum legen, mit einem Messerrücken in schmalen Abständen einkerben und mit Eigelb bestreichen.

Die Marzipanplätzchen bei 220 Grad auf der obersten Schubleiste gerade so lange backen, dass die Ränder zu bräunen anfangen.

Zucker, Zitronensaft und Wasser zu einer glatten Glasur verrühren.

Das vertiefte Innere der Marzipanfiguren mit der Zitronenglasur bestreichen und nach Belieben mit kandierten Früchten belegen.

TIPP:
Ich backe das Marzipan nicht, sondern schiebe das Blech mit den Plätzchen ganz kurz unter den Grill, so werden sie besonders schön. Aber Achtung, 1 bis 2 Minuten genügen!

LÜBECKER LECKERBISSEN

240 g Marzipanrohmasse
60 g Butter
30 g Zucker
3 Eigelb
1 MSp Koriander

Die Marzipanrohmasse mit Butter und Zucker verrühren; Eigelb, Koriander und Zitronenschale einrühren.

Die Masse in einen Spritzsack mit größerer Sterntülle (Größe 7–8) füllen, kleine Kreise auf ein Backblech

spritzen. Je eine halbe oder viertel kandierte Kirsche obenauf geben.
Die Lübecker Leckerbissen bei 170 Grad in 12 bis 15 Minuten goldbraun backen.

abgeriebene Schale
  von 1 Zitrone
* * *
kandierte Kirschen

MANDORLE

Die Eiweiß halbsteif schlagen; mit der Marzipanrohmasse verrühren; Zucker, Rosenwasser und Mehl einarbeiten.
Die Masse in einen Spritzsack mit mittlerer Lochtülle (Größe 5) füllen, 2 bis 3 cm große Stangen auf ein Backblech spritzen (Achtung, genügend Abstand lassen!); mit gehobelten Mandeln bestreuen; bei 170 Grad in 10 bis 12 Minuten hell backen.

2 Eiweiß
200 g Marzipanrohmasse
60 g Zucker
1 EL Rosenwasser
50 g Mehl
* * *
Mandeln, gehobelt

MARKUSTALER

Marzipanrohmasse, Butter und Zucker glatt rühren; Ei, Rum, Piment und Orangenschale dazurühren, zuletzt das Mehl einarbeiten; 1 Stunde ruhen lassen.
Den Teig 3 bis 4 mm dick ausrollen; kleine runde (gezackte) Scheiben ausstechen, mit verquirltem Eigelb bestreichen; eine Hälfte mit Hagelzucker bestreuen, die restlichen Scheiben mit halbierten Nüssen belegen; bei 170 Grad hellbraun backen (12 bis 15 Minuten).

100 g Marzipanrohmasse
100 g Butter
50 g Zucker
1 Ei
1 KL Rum
1 Prise Piment
½ KL abgeriebene
  Orangenschale
250 g Mehl
* * *
1 Eigelb
Hagelzucker
Walnüsse, halbiert

Kaffee-Walnuss-Marzipan

REBOULS
neue
KREATIONEN

KAFFEE-WALNUSS-MARZIPAN

Kaffee im Rum auflösen, in das Marzipan einkneten, dann die gehackten Walnüsse einarbeiten.
Arbeitsfläche mit Hilfe eines Siebes gut mit Staubzucker bestauben. Marzipan 1 cm dick ausrollen und mit einem runden Ausstecher mit 3 cm Durchmesser ausstechen. Den Fuß in temperierte dunkle Kuvertüre tunken, wegsetzen.
Mit etwas Kuvertüre jeweils eine Walnusshälfte in die Mitte kleben. Geschmolzene Kuvertüre in einen Spritzsack abfüllen und feine Striche über das Konfekt ziehen.

TIPP:
Genug Staubzucker für die Arbeitsfläche verwenden, die Masse ist klebrig.

FÜR CA. 40 STÜCK:

ca. 10 g Instant-Kaffee
 (je nach Stärke)
20 ml Rum
400 g Marzipanrohmasse
100 g Walnüsse, grob gehackt
* * *
Staubzucker für die
 Arbeitsfläche
* * *
40 Walnusshälften
dunkle Kuvertüre

MARZIPANKARTOFFELN

300 g Marzipanrohmasse
150 g Zucker
* * *
Kakao

Die Marzipanrohmasse mit dem Zucker verkneten. Kleine Kugeln formen, sofort in Kakao wälzen, dann mit einem Messer 3 Einschnitte (sie sollen „geplatzte" Kartoffeln symbolisieren) anbringen; eventuell noch mit einer dicken Nadel „Augen" einstechen.

NESTER

100 g Marzipanrohmasse
100 g Butter
40 g Zucker
2 Eigelb
120 g Mehl
* * *
3 gehäufte EL Zucker
2 KL Zitronensaft
1 EL heißes Wasser
* * *
Liebesperlen

Marzipanrohmasse mit weicher Butter und Zucker verrühren; Eigelb dazurühren, zuletzt das Mehl einarbeiten.

Die Masse in einen Spritzsack mit größerer Sterntülle füllen (Größe 7), kleine Ringe auf ein Backblech spritzen (genügend Abstand lassen), bei 170 Grad goldbraun backen (ca. 15 Minuten), dabei fließen die Ringe so zusammen, dass kleine Nestchen entstehen.

Zucker mit Zitronensaft und Wasser zu einem dicken Guss verrühren; die Nestchen damit füllen; Liebesperlen darüberstreuen.

Marzipankartoffeln

PARISER STANGEN

125 g Marzipanrohmasse
50 g Zucker
1 Paket Vanillezucker
abgeriebene Schale
und Saft von 1 Zitrone
1 Ei
100 g Butter
100 g Mehl
70 g Stärkemehl
* * *
Himbeergelee oder
Ribiselgelee
Kuvertüre

Die Marzipanrohmasse mit Zucker, Vanillezucker, Zitronenschale und -saft, Ei und Butter verrühren; Mehl und Stärkemehl einarbeiten.

Die feste Masse in einen Spritzbeutel mit mittlerer Sterntülle (Größe 5) füllen; 4 bis 5 cm lange Stangen auf ein Backblech spritzen; bei 180 Grad in 10 bis 15 Minuten hell backen.

Das Gelee leicht erwärmen. Die Kuvertüre im Wasserbad schmelzen.

Je 2 Stangen mit Gelee zusammensetzen und mit den Enden in die Kuvertüre tauchen.

PISTAZIENKUGELN

100 g Mandeln, geschält
120 g Pistazien
250 g Zucker
1 ½ Eiweiß
1 KL Maraschino
* * *
½ Eiweiß
Zucker
Pistazien, halbiert

Mandeln und Pistazien sehr fein reiben (am besten zweimal); mit 200 g Zucker, Eiweiß und Maraschino mischen und so lange unter ständigem Rühren erhitzen, bis die Masse zusammenballt und sich vom Schüsselboden löst.

Nach kurzem Abkühlen den restlichen Zucker einarbeiten. Kleine Kugeln formen (ca. so groß wie eine Herzkirsche), mit Eiweiß bestreichen und in Zucker wälzen; mit einer halbierten Pistazie verzieren.

Die Kugeln in Papierkapseln geben und einige Tage trocknen lassen.

VENEZIANER

Die Marzipanrohmasse mit den Eiweiß glatt rühren; Mandeln, Zucker und restliche Zutaten einrühren.
Die Masse in einen Spritzsack mit größerer glatter Tülle (Größe 7) füllen; kleine Berge auf ein Backblech spritzen; bei 170 Grad hell backen (12 bis 15 Minuten).

TIPP:
Ich tauche die Venezianer zur Hälfte in geschmolzene Kuvertüre oder verziere sie mit feinen Streifen geschmolzener Kuvertüre.

240 g Marzipanrohmasse
3 Eiweiß
50 g Mandeln, geschält, gerieben
200 g Zucker
abgeriebene Schale von 1 Zitrone
1 Prise Zimt
1 Prise Kardamom

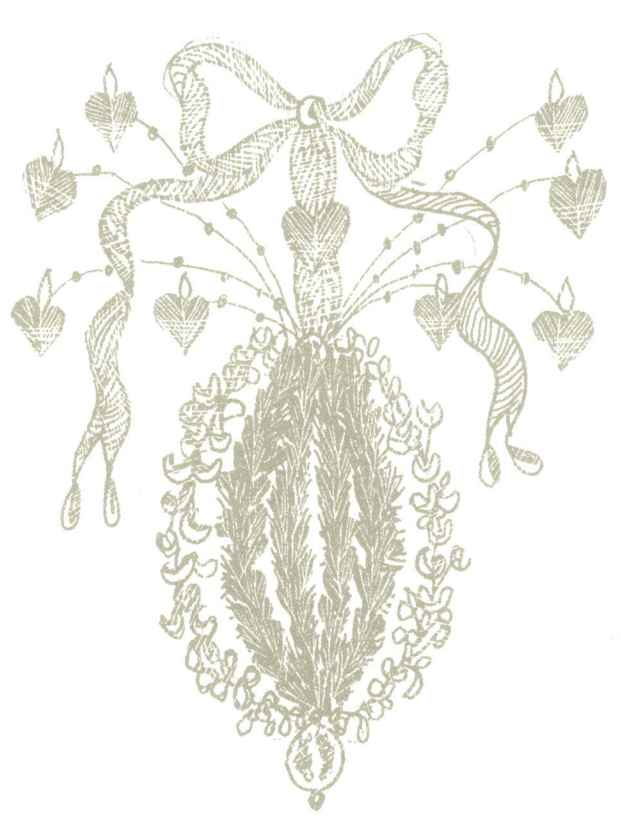

KONFEKT FÜR
LECKERMÄULER

EINE REZEPTSAMMLUNG für die Weihnachtszeit wäre nicht vollständig ohne eine ganz spezielle „Weihnachtsbäckerei", die – obwohl nicht gebacken – ihren festen Platz unter den weihnachtlichen Schleckereien hat: das Konfekt. Selbstgemachtes Konfekt schmeckt köstlich und ist – wie die hier vorgestellten Rezepte zeigen – einfach und schnell herzustellen. Hübsch verpackt, ist es auch ein ganz besonderes, persönliches Geschenk oder Mitbringsel, nicht nur in der Adventszeit.
Konfekt sollte erst kurz vor Gebrauch zubereitet und lagenweise, durch Pergamentpapier oder Alufolie getrennt, in Dosen oder Schüsseln an einem möglichst kühlen Ort aufbewahrt werden.

BARBARAKUGELN

Die Schokolade mit dem Orangensaft im Wasserbad schmelzen.

Ei und Zucker schaumig rühren; geschmolzene Schokolade und Orangenlikör einrühren; Mandeln einarbeiten.

Schwach nussgroße Kugeln formen; in Schokoladenstreuseln wälzen und, je nach Wunsch, mit einem Stückchen Arancini verzieren.

Die fertigen Kugeln in Papierkapseln geben und an einem kühlen Ort aufbewahren.

50 g Schokolade
1 EL Orangensaft
1 Ei
120 g Zucker
1 EL Orangenlikör
150 g Mandeln, geschält, gerieben
50 g Mandeln, geschält, gehackt
* * *
Schokoladenstreusel
Arancini

BRÜSSELER STANGEN

Zucker und Wasser so lange bei geringer Hitze erwärmen, bis der Zucker zergangen ist; die Schokolade dazugeben, schmelzen lassen. Die Mandeln dazugeben. Alles zu einer geschmeidigen Masse verrühren und 1 Stunde in den Kühlschrank stellen.

Kleinfingerdicke, ca. 3 cm lange Stangen formen und in gehackten Mandeln wälzen. Die Stangen dann so zwischen Daumen und Zeigefinger drücken, dass an der Oberseite eine Kante entsteht.

Die Brüsseler Stangen 1 bis 2 Tage trocknen lassen und dann in Zellophan einwickeln.

125 g Zucker
1-2 EL Wasser
125 g Schokolade
125 g Mandeln, geschält, gerieben
* * *
Mandeln, gehackt

DALMATINISCHE KUGELN

50 g Feigen, gehackt
50 g Rosinen, gehackt
50 g Walnüsse, gehackt
1 EL Rum
100 g Walnüsse, gerieben
50 g Zucker
1 Eiweiß
* * *
Schokoladenstreusel
Walnüsse, gehackt

Feigen, Rosinen und gehackte Nüsse mit dem Rum mischen und 1 bis 2 Stunden ziehen lassen.
Geriebene Nüsse, Zucker und Eiweiß dazugeben, gut vermischen.
Nussgroße Kugeln formen. Die eine Hälfte der Kugeln in Schokoladenstreuseln, die andere Hälfte in gehackten Nüssen wälzen.
In Papierkapseln geben.

HASELNUSSKEGEL

100 g Butter
150 g Zucker
150 g Schokolade, gerieben
150 g Haselnüsse, gerieben
1 EL Kirschwasser
* * *
Haselnüsse, gerieben
kandierte Kirschen

Butter und Zucker schaumig rühren; die restlichen Zutaten einarbeiten. Die Masse für ½ Stunde in den Kühlschrank stellen, dann nochmals schaumig schlagen. Walnussgroße Kugeln formen, in geriebenen Haselnüssen wälzen und dann so an der Unterseite flach drücken, dass kleine Kegel entstehen. Mit einem Stückchen kandierter Kirsche verzieren.
In Papierkapseln setzen, kühl aufbewahren.

TIPP:
Ich dekoriere einen Teil der Kegel mit gezuckerten Blüten oder Zuckerperlen.

HORNBERGS KLASSIKER

ENGELSTRÜFFELN

Butter, Zucker und Crème fraîche schaumig rühren; Orangenlikör und Kaffee dazugeben; die Masse 1 bis 2 Stunden kalt stellen.
Kirschgroße Kugeln formen; in einer Mischung aus Kakao und Zucker wälzen. In Papierkapseln geben.

TIPP:
Ich wälze einen Teil der Kugeln in Liebesperlen oder in Schokoladenstreuseln.

100 g Butter
100 g Zucker
70 g Crème fraîche
1 EL Orangenlikör
1 EL starker Kaffee
* * *
Kakao
Zucker

JAMAIKADATTELN

20-30 Datteln
120 g Marzipanrohmasse
50 g Zucker
1 MSp Ingwer, gemahlen
25 g kandierter Ingwer, gehackt
2 EL Rum
* * *
Zucker
* * *
Kuvertüre

Die Datteln entkernen.

Marzipanrohmasse, Zucker, Ingwer und Rum miteinander verkneten.

Die Marzipanrohmasse auf einer mit Zucker bestreuten Unterlage zu einer dicken Rolle formen, in Stückchen schneiden. Aus den Stückchen kleine Würste formen und die Datteln damit füllen.

Die Kuvertüre im Wasserbad schmelzen und die Datteln so darin eintauchen, dass die weiße Füllung herausschaut; auf Alufolie trocknen lassen.

TIPP:
Die Anzahl der benötigten Datteln hängt von ihrer Größe ab!

KNUSPERBISSEN

75 g Butter
100 g Milchschokolade
100 g Mandelblättchen
50 g Schokoladenblättchen
1 KL Cognac
* * *
Schokoladenstreusel oder grober Zucker

Die Butter mit der im Wasserbad geschmolzenen, abgekühlten Milchschokolade schaumig rühren; Mandelblättchen, Schokoladenblättchen und Cognac einrühren. Die Mischung für 1 Stunde in den Kühlschrank stellen.

Nochmals gut schaumig rühren. Kirschgroße Kugeln formen, in Schokoladenstreuseln (oder grobem Zucker) wälzen.

In Papierkapseln setzen. Die Knusperbissen für einige Stunden in den Kühlschrank stellen, dann an einem kühlen Ort aufbewahren.

KROKANTSPITZEN

Obers und Schokolade aufkochen, abkühlen lassen.
Butter, Honig, Nelken und die Schokoladenmischung verrühren, ½ Stunde in den Kühlschrank stellen und nochmals schaumig schlagen.
Die Masse in einen Spritzsack mit Sterntülle füllen (Größe 7) und bergartig in Metallkapseln spritzen; sofort mit Krokant bestreuen. Die Spitzen für einige Stunden in den Kühlschrank stellen, danach an einem kühlen Ort aufbewahren.

TIPPS:
Die Krokantspitzen sind sehr weich und sollten daher am besten im Kühlschrank aufbewahrt werden.
Etwas fester werden sie, wenn man die Butter durch Kokosfett ersetzt.

50 g Obers
100 g weiße Schokolade
30 g Butter
1 EL Honig
1 Prise Nelken
* * *
Krokant

MANDELSPLITTER

Die Schokolade im Wasserbad schmelzen; mit Zimt und Mandelsplittern verrühren. Mit Hilfe von 2 Kaffeelöffeln beliebig große Häufchen auf ein Stück Alufolie setzen; trocknen lassen.

TIPPS:
Die Mandelsplitter können auch mit anderer Schokolade zubereitet werden; z.B. wenn man 50 g Zartbitterschokolade mit 50 g Milchschokolade mischt.
Mandelsplitter schmecken besonders aromatisch, wenn man die Mandeln vorher mit 1 Esslöffel Zucker in einer beschichteten Pfanne anröstet.
Ich würze zusätzlich mit einer Prise Ingwer.

100 g Milchschokolade
1 Prise Zimt
120 g Mandelsplitter

Weihnachtssterne

REBOULS
neue
KREATIONEN

WEIHNACHTSSTERNE

Für dieses Rezept muss man weniger backen als basteln – deshalb gibt es auch keine Mengenangaben. Mit ein wenig Geschick und einfachen Sternfrucht-Ausstechern entstehen süße Weihnachtssterne, die so entzückend aussehen, dass man sie am liebsten gar nicht aufessen würde.

Nougat vorsichtig schmelzen, er soll flüssig sein, aber nicht warm. In die Hohlformen füllen und mit Bröseln bestreuen.

Arbeitsfläche leicht mit Staubzucker bestauben. Grünes und rotes Marzipan getrennt möglichst dünn ausrollen. Mit einer Sternfrucht-Ausstechform aus dem grünen Marzipan Blätter ausstechen. Aus dem roten Marzipan kleinere, unterschiedlich große Blätter ausstechen. Blattenden vorsichtig etwas nachformen, ausdünnen und die Blätter v-förmig zusammendrücken.

Zuerst einen großen grünen „Stern" in eine Halbkugelform legen. Der Größe nach immer kleiner werdende rote Blätter darauf legen. Zwischen die Blätter jeweils mit dem Finger etwas Wasser tupfen, damit die Blätter später nicht auseinanderfallen. In die Mitte der letzten Blütenblätter goldene Liebesperlen oder Marzipankügelchen setzen.

Weihnachtssterne antrocknen lassen. Aus den Halbkugelformen nehmen und mit etwas geschmolzener Kuvertüre vorsichtig in der Mitte der „Blumentöpfe" ankleben.

Schnittfester Nougat
Hohlformen mit
  ca. 3 cm Durchmesser
  und 4 cm Höhe
grobe Brösel von
  Schokoladenkuchen
  oder -keksen
rotes und grünes
  Modelliermarzipan
Kuvertüre
  * * *
Staubzucker für die
  Arbeitsfläche
  * * *
goldene Liebesperlen
  oder gelbe Marzipan-
  kügelchen

MOKKAKUGELN

100 g Zartbitterschokolade
2 EL Obers
50 g Butter
4 gehäufte KL Pulverkaffee
* * *
1–2 EL heißes Wasser
* * *
Zucker
Schoko-Kaffeebohnen

Die Schokolade mit Obers im Wasserbad schmelzen und dann mit der Butter verrühren; Kaffee in heißem Wasser auflösen, dazurühren. Die Mischung ½ bis 1 Stunde in den Kühlschrank stellen, dann nochmals gut schaumig rühren.

Kirschgroße Kugeln formen, in Zucker wälzen und mit einer Schoko-Kaffeebohne verzieren.

Die Kugeln in Papierkapseln geben, einige Stunden in den Kühlschrank stellen und dann kühl aufbewahren.

TIPP:
Ich „klebe" die Schoko-Kaffeebohnen mit ein wenig Eiweiß an.

MOZARTTALER

30 g Butter
60 g Zucker
30 g Schokolade
2 KL Cognac
30 g Mandeln, geschält, gerieben
* * *
60 g Mandeln, geschält
60 g Pistazien, geschält
120 g Zucker
1 Eiweiß
* * *
Kuvertüre
Mandeln, gehobelt

Butter und Zucker mit der geschmolzenen Schokolade schaumig rühren; Cognac und geriebene Mandeln dazugeben. Die Masse für ½ Stunde in den Kühlschrank stellen, nochmals verrühren und wieder kalt stellen.

Mandeln und Pistazien sehr fein reiben (am besten zweimal durch die Mandelmühle drehen), mit Zucker und Eiweiß verrühren und so lange im kochenden Wasserbad erhitzen, bis die Masse zusammenballt; abkühlen lassen.

Die Pistazien-Marzipan-Masse zu einem schmalen Rechteck ausrollen (je länger und schmäler, desto besser!). Aus der Schokoladenmasse eine Stange in der Länge der Marzipanplatte formen, in diese einwickeln.

Die Stange für einige Stunden in den Kühlschrank stellen,

dann mit Kuvertüre bestreichen und in gehobelten Mandeln wälzen; in 3 bis 4 mm starke Scheiben schneiden. In Zellophan wickeln.

TIPP:
Ich zerdrücke die gehobelten Mandeln vorher mit dem Nudelwalker, dann haften die Stückchen besser.

ORANGENTRÜFFELN

Das Obers aufkochen und die Schokolade darin verrühren, bis sie geschmolzen ist; abkühlen lassen. Butter, Schokoladenmasse und Orangenlikör verrühren; 1 Stunde in den Kühlschrank stellen; dann nochmals schaumig rühren. Die Masse in einen Spritzsack mit größerer Sterntülle (Größe 7) geben und in Metallkapseln spritzen; mit kleinen Stückchen kandierter Orangenschale verzieren; in den Kühlschrank stellen.

20 g Obers
120 g Kochschokolade
30 g Butter
2 EL Orangenlikör
 * * *
kandierte Orangenschalen

TIPPS:
Diese köstlichen Trüffeln sind sehr weich und sollten am besten im Kühlschrank aufbewahrt werden.
Nicht ganz so fein, aber fester werden sie, wenn man die Butter durch Kokosfett ersetzt.

Christbaumkugeln

REBOULS *neue* KREATIONEN

CHRISTBAUMKUGELN

Obers und Glukose zusammen aufkochen. Über die Kuvertüre gießen, mit einem Gummispachtel rühren, bis sich die Kuvertüre aufgelöst hat. Ohne dass Luft hineinkommt, mit dem Stabmixer mixen, bis alles komplett homogen ist (wie bei einer Mayonnaise). Auf 35 Grad abkühlen lassen. Eierlikör und Butter einmixen, ohne dass Luft in die Ganache kommt.

Ganache mit Hilfe eines Dressiersacks in die Trüffelhohlkörper füllen, sodass sie nach dem Verschließen an der Seite möglichst gerade sein werden. Kugeln in den Kühlschrank stellen und die Ganache fest werden lassen.

Kugeln mit geschmolzener Kuvertüre verschließen. Kuvertüre leicht fest werden lassen, dann mit den Fingern gerade streichen. Kugeln umdrehen und mit Glitterpulver anpusten oder mit in Alkohol aufgelöstem Pulver bepinseln.

TIPPS:

Fortgeschrittene können die Pralinen vor dem Anpusten in temperierter Kuvertüre rollen.

Aus Marzipan einen kleinen Zylinder formen und mit mit Alkohol vermischtem goldenem Lebensmittefarben-Pulver bepinseln. Wenn die Farbe getrocknet ist, mit einem Zahnstocher ein Loch machen und eine kleine goldene Schlaufe darin platzieren. Mit Kuvertüre auf der Kugel befestigen. So entsteht eine kleine festliche Christbaumkugel.

FÜR CA. 20 KUGELN:

GANACHE:
150 ml Obers
30 g Glukose
140 g weiße Kuvertüre, klein gehackt
50 ml Eierlikör
30 g raumtemperierte Butter
* * *
ca. 20 Trüffelhohlkörper mit 3 cm Durchmesser
* * *
weiße Kuvertüre
Lebensmittelfarben-Glitterpulver

WIENER WEIHNACHTSTAGE IM JAHRE 1836

... Die Fenster der Zuckerbäcker prangen allerdings nicht, wie bei uns, mit Rosinenkuchen majestätisch in ihren grandiosen Verhältnissen und glänzenden Verzierungen; dafür sind die Magazine von Bonbons, welche die Augen blenden, wenn man eintritt, denn da flimmert und funkelt es, wie in Grotten mit tausend Kristallen. Die Kunst, in Zucker zu arbeiten, ist nirgends, selbst in Paris nicht, zu einer größeren Vollkommenheit gebracht worden als hier. Man kann alle Früchte der Erde, es sei in oder außer der Jahreszeit, genießen, während man glaubt, man habe es nur mit Zuckerkörnern zu tun.

Diese Leckereien sehen allerdings im äußersten Grade lieblich aus; wenn ich indessen eine Wiener Dame wäre, so würde ich das elegante, pyramidalische Tragebrett damit niemals unter meinen Gästen herumgehen lassen. Jedes dieser Bonbons ist zierlich in ausgeschnittenes Papier gewickelt, damit es zum Munde geführt werden könne, ohne die Handschuhe zu beflecken; die Folge davon aber ist, dass die Reinlichkeit der Teppiche des Gesellschaftszimmers darunter unvermeidlich leidet, denn es ist nicht ungewöhnlich, nach ein paar Trachten von Erfrischungen, den Fußboden ganz mit solchen Zuckerpapierchen bestreut zu sehen.

MISTRESS TROLLOPE

PISTAZIENGONDELN

Mandeln und Pistazien sehr fein reiben (am besten zweimal durch die Mandelmühle drehen); mit Zucker, Rosenwasser und Kirschwasser mischen; so lange bei schwacher Hitze erwärmen, bis die Masse zusammenballt; abkühlen lassen.
Die Datteln entkernen.
Aus der Pistazienmasse eine dickere Rolle formen; kleine Stückchen abschneiden und zu Stangen rollen.
Die Datteln mit den grünen Stangen füllen und zur Hälfte in geschmolzene Kuvertüre tauchen.

50 g Mandeln, geschält
50 g Pistazien, geschält
100 g Zucker
2 EL Rosenwasser
1 KL Kirschwasser
* * *
30-40 Datteln
* * *
Kuvertüre

RUMKUGELN

Das Obers aufkochen und die Schokolade darin auflösen; abkühlen lassen; mit Rum und Haselnüssen verrühren; 1 Stunde kalt stellen; dann nochmals schaumig rühren. Mit nassen Händen nussgroße Kugeln formen; in grobem Zucker wälzen. In Papierkapseln geben und kühl aufbewahren.

TIPP:
Ich wälze einen Teil der Kugeln in Liebesperlen.

200 ml Obers
100 g Schokolade
2 EL Rum
200 g Haselnüsse, gerieben
* * *
grober Zucker

SCHLOSSPRALINEN

100 g Milchschokolade
100 g Bitterschokolade
70 g Crème fraîche
100 g Pinienkerne, gehackt
2 EL Nussschnaps
* * *
Kuvertüre
Pinienkerne

Die Schokolade im lauwarmen Wasserbad schmelzen; mit Crème fraîche, Pinienkernen und Nussschnaps verrühren; 1 Stunde in den Kühlschrank stellen; dann nochmals gut durchrühren.

Schwach fingerdicke, ca. 3 cm lange Stangen formen; in Kuvertüre tauchen (geht am besten, wenn man die Stangen auf eine Gabel legt), gut abtropfen lassen, zum Trocknen auf Alufolie legen; mit Pinienkernen belegen.

Die getrockneten Stangen in Papierkapseln geben oder in Zellophan packen.

TIPP:
Ich tauche einen Teil der Stangen in Milchschokolade, die ich mit etwas Kokosfett geschmolzen habe.

SCHNEEBÄLLCHEN

150 g Schokolade
125 ml Milch
80 g Zucker
50 g Walnüsse, gerieben
* * *
Kokosraspeln

Die Schokolade mit der Milch im Wasserbad schmelzen lassen; den Zucker und die Nüsse dazugeben; die Masse für $1/2$ Stunde in den Kühlschrank stellen, dann nochmals gut verrühren.

Mit nassen Händen nussgroße Bällchen formen; in Kokosraspeln wälzen.

Die Bällchen in Papierkapseln geben und kühl aufbewahren.

HORNBERGS KLASSIKER

SCHOKOLADENTRÜFFELN

Butter und Zucker schaumig rühren; Mandeln, Schokolade und Eiweiß dazumischen; die Masse mindestens 1 Stunde kalt stellen.
Mit nassen Händen kirschgroße Kugeln formen, in Kakao wälzen. In Papierkapseln geben. Kühl aufbewahren.

TIPP:
Wem der Kakao zu bitter ist, der kann ihn beliebig zuckern oder Schokoladenpulver verwenden. Auch Schokoladenstreusel oder Liebesperlen sind geeignet.

- 50 g Butter
- 120 g Zucker
- 75 g Mandeln, geschält, gerieben
- 75 g Schokolade, gerieben
- 1 Eiweiß
- * * *
- Kakao

Papa Noëls Pariser Spitz

REBOULS *neue* KREATIONEN

PAPA NOËLS PARISER SPITZ

Alle Teigzutaten zu einem Teig verkneten. Falls der Teig zu mürbe ist, etwas Ei oder ein paar Tropfen Wasser dazukneten. Teig im Kühlschrank ruhen lassen.

2 mm dick ausrollen und mit einem runden Ausstecher mit 3 cm Durchmesser ausstechen. Auf einem mit Backpapier belegten Backblech bei 160 Grad goldbraun backen.

Für die Pariser Creme Obers aufkochen, Kuvertüre darin schmelzen. Mit dem Stabmixer aufmixen ohne dass Luft hineinkommt. Creme kalt stellen.

Wenn die Masse kristallisiert ist, aus dem Kühlschrank nehmen. Bei Zimmertemperatur etwas stehen lassen bis sie schlagfähig ist. Die Creme vorsichtig von Hand mit dem Schneebesen aufschlagen (sonst bricht sie).

Creme mit einem Dressiersack mit Lochtülle kegelformähnlich auf die gebackenen Mürbteig-Kreise dressieren. Die Form soll an eine Weihnachtsmann-Mütze erinnern. Kalt stellen, wenn nötig vorsichtig mit den Fingern nachformen.

Fettglasur auf 35 Grad erwärmen und die „Mützen" darin tunken. Auf einem Gitter abtropfen lassen. Wenn die Glasur fest geworden ist, Weihnachtsmann-Mützen vom Gitter schneiden und mit gezackten Zuckerperlen und Spritzglasur verzieren.

FÜR CA. 26 SPITZ:

MÜRBTEIG (1-2-3-TEIG):
50 g Zucker
100 g Butter
200 g Mehl
***
PARISER CREME:
400 ml Obers
400 g dunkle Kuvertüre
***
rote Fettglasur
gezackte Liebesperlen
Spritzglasur

TEUFELSPILLEN

140 g Haselnüsse, gerieben
140 g Zucker
60 g Schokolade, gerieben
1 Eiweiß
* * *
Haselnüsse
Schokoladenstreusel

Haselnüsse mit Zucker und Schokolade mischen; das Eiweiß dazugeben; alles zu einer formbaren Masse verarbeiten.

Eine ca. 3 cm dicke Rolle formen, in dicke Scheibchen schneiden. Auf jedes Scheibchen eine Haselnuss legen; so Kugeln formen, dass die Haselnuss ganz verhüllt ist. Die Kugeln in Schokoladenstreuseln wälzen.

In Papierkapseln geben. Kühl aufbewahren.

TIPP:
Ich verwende für einen Teil der Teufelspillen anstelle von Schokoladenstreuseln groben Zucker.

WILLIAMSKONFEKT

200 ml Obers
200 g Schokolade
40 g Kokosfett
1-2 EL Birnengeist
1 Prise Nelken
* * *
Krokant
Mandelsplitter

Das Obers aufkochen, Schokolade und Kokosfett dazugeben und darin auflösen; Birnengeist und Nelken dazugeben; die Mischung für 1 Stunde in den Kühlschrank stellen, dann nochmals schaumig rühren.

Die Masse in einen Spritzbeutel mit glatter Lochtülle füllen, in Metallkapseln spritzen, mit etwas Krokant oder Mandelsplittern verzieren.

Im Kühlschrank fest werden lassen und dann kühl aufbewahren.

REZEPTREGISTER

ULRIKE HORNBERGS WEIHNACHTSKLASSIKER

Ahornscheiben 120
Amerikaner 120
Aniskrapfen 95
Anisscharten 98
Anisschäumchen 185
Annastangen 189/191

Barbarakugeln 231
Bärentatzen 191
Basler Leckerli 73
Baumscheiben 121
Berliner Brot 98
Bethmännchen 212
Biberli 73/74
Bielefelder Spekulatius ..121
Bozner Zelten 64
Branntweinringe 122
Braune Kuchen 74
Brunsli 191
Brüsseler Stangen 231
Butterblumen 122
Butterbrote 125
Butterfly 125
Butterstengli 126

Christbaumringe 186
Christstollen 51/52

DalmatinischeKugeln 232
Dattelmakronen 194
Doppeldecker 126
Duchesseringe 213

Elisabethtaler 100
Elisenlebkuchen 77
Engelstrüffeln 233
Engländer 194

Figaros 127
Frankfurter Brenten 215/216
Freunderln 101
Früchteziegel 65

Geduldszeltle 101
Gewürzkringel 128
Gewürzschnitten,
    Innviertler 82
Gewürztaler 79

Hansenküsse 195
Harlekins 128
Haselnussbrötli 104
Haselnussbusserl 195
Haselnussdukaten 129
Haselnusskärtchen 129
Haselnusskegel 232
Haselnusslebkuchen 75
Haselnusssterne 132
Henrietten 216
Himbeerschäumchen 186
Hirschknöpfe 132
Honigkuchen 78
Honigkuchen, Dunkle 75
Honigkuchenschnitten,
    Altösterreichische 72

Honigsonnen 133
Husarenkrapfen 135
Hutzelbrot 66

Igel 133
Immele 136
Ingwerbrötchen 104
Ingwermonde 136
Ingwernüsse 137
Inntaler Krapfen 137
Ischler Törtchen 138

Jamaikadatteln 234

Kaiserkipferl 138
Kakao-Rum-Plätzchen 140
Kakaostangen 140
Kathrinchen 82/83
Kinderbrot 52
Kirschkugeln 216
Klarastangen 217
Kleeblätter 217
Kleinbrötchen 141
Kletzenbrot, Tiroler 67
Klosterkipferl 141/142
Knusperbissen 234
Knusperle 142
Knusperscheiben 196
Kokosberge 105
Kokosbrötchen 142
Kokosbusserl 196
Kokosinchen 143

Kokosnester 197
Kokosnüsse 143
Königsberger Marzipan .. 220
Königsberger Striezel 53
Krokantscheiben 144
Krokantspitzen 235

Lebkuchen, Nürnberger ... 88
Lebkuchenbusserl 83
Lebkuchenherzen,
    Murtaler 84/85
Lebzelten 84
Leipziger Rosinenstollen .. 55
Linzer Augen 144
Linzer Kränze 145
Lübecker Leckerbissen
    .... 220/221
Luisenbrötchen 108

Mäander 145
Mailänder 148
Malteser 148
Mandelblättchen 150
Mandelbrötchen,
    Beschwipste 100
Mandelbusserl 197
Mandelkissen 150
Mandellebkuchen, Weiße 91
Mandelscheiben,
    Französische 127
Mandelspäne 200
Mandelspekulatius 151
Mandelsplitter 235
Mandelstäbchen 108
Mandelstifte 152

Mandelstollen 56
Mandorle 221
Mariandln 152/153
Mariatheresientaler 153
Markustaler 221
Marmorberge 200
Marzipankartoffeln 224
Marzipankonfekt,
    Großmutters 213
Marzipanrohmasse 212
Meraner Stangen 154
Mohnkringel 154
Mohnstriezel 57
Mohnstrudel, Wiener 59
Mokkakugeln 238
Mondseer Stangen 155
Mozarttaler 238/239
Mühlviertler Stangen 155
Mürbchen 158
Muskazinerl 109

Nelkenkuchen 85
Nester 224
Nürnberger Lebkuchen 88
Nussbällchen 158
Nussbrezeln 159
Nussbusserl 201
Nusskrapferl, Salzburger 164
Nussstrudel, Wiener 63

Orangenberge 202
Orangenblüten 159
Orangentrüffeln 239
Orangenzungen 109
Ottilienbrötchen 202

Pariser Stangen 226
Pfaffenkäppchen 160
Pfeffernüsse 89
Pistaziengondeln 243
Pistazienkugeln 226
Pistazienstangen 203
Portugiesen 113
Prasselstangen 160
Prinzessscheiben 203/204
Punschsterne 162
Pyramiden 162

Quarkstollen 59

Rahmkrapfen 163
Rheinischer
    Weihnachtsstollen 58
Rieder Stangen 163
Rosinenstollen, Leipziger ... 55
Rumkugeln 243
Rumscheiben 113

Schlesische
    Leckerbissen 89/90
Schlosspralinen 244
Schneebällchen 244
Schokobaisers 188
Schokoberge 188
Schokobrötchen 164
Schokokugeln 165
Schokoladenbrezeln 167
Schokoladenküsschen 188/189
Schokoladenlebkuchen 90
Schokoladenstengli 165
Schokoladentrüffeln 245

Schokonüsse 168
Schokospitzbuben..........168
Schokotaler 169
Schornostangen..............204
Schreiberkrapfen............170
Schwarz-weiß-Bäckerei
    .... 170/172
Spekulatius, Bielefelder .121
Spitzbuben 173
Springerle......................114
Spritzbäckerei 173/175
Stollen siehe Christstollen,
    Mandelstollen, Rosinen-
    stollen, Topfenstollen,
    Weihnachtsstollen

Studentenbrötchen 175

Teufelspillen 248
Topfenstollen 59
Tuttifruttis 204

Vanillebusserl.................176
Vanillekipferl 179
Venezianer......................227

Weihnachtsstollen,
    Rheinischer................58
Wespennester 206
Wiener Busserl 206
Wiener Monde...............176

Williamskonfekt..............248
Windstangen 189
Witwenküsse 206/207

Ybbser Stangen..............114

Zedernbrötli 207
Zelten, Bozne.................. 64
Zimtkarten 177
Zimtkränze.....................177
Zimtsterne 207
Zipfelmützen 180
Zitronenbrezeln..............180

PIERRE REBOULS NEUE KREATIONEN (ORIGINALSCHREIBWEISE)

Amarena-Marzipan-Kugeln 219
Bretonischer Walnuss-Sablé......................... 157
Christbaumkugeln.. 241
Diamant aus Vanille 147
Familie Perchtolds herzliche Weihnacht 87
Haselnuss-Financier 111
Herrn Gerhards Früchtebrot 61
Kaffee-Walnuss-Marzipan............................. 223
Karamell-Blumen... 131
Lebkuchen-Kürbis-Cupcake 81

Nougat-Daquoise... 199
Orangen-Mandel-Schindeln............................. 97
Papa Noëls Pariser Spitz............................... 247
Ribisel- & Pistazien-Macarons 193
Schoko-Himbeer-Moeulleux........................... 103
Weihnachtssterne... 237
Zitronen-Sablé.. 107

ÖSTERREICHISCHES KÜCHENDEUTSCH

Anzuckern: mit Zucker bestreuen

Arancini: Orangeat

Backrohr: Backofen

Bischof: Mixstab für die Küchenmaschine

Biskotten: Löffelbiskuits

Brösel: Abkürzung für → Semmelbrösel

Dampfl: Vorteig

Dörren: trocknen

Feinkristallzucker: feinkörniger Haushaltszucker

Germ: Hefe

Glattes Mehl: das in Österreich übliche Weizen-Haushaltsmehl entspricht in Deutschland Type 405

Keks: Plätzchen

Kipferl: kleines Hörnchen

Kletzen: getrocknete Birnen

Marillen: Aprikosen

Nikolo: Nikolaus (6. Dezember)

Nudelwalker: Nudelholz

Obers: Schlagsahne

Pergamentstanitzel: kleine Tüte aus Butterbrotpapier

Rahm: Sahne

Ribiseln: Johannisbeeren

Rohr: Abkürzung für → Backrohr

Sauerrahm: saure Sahne

Semmelbrösel: Paniermehl

Spritzsack: Spritztüte

Stanitzel: kleine Tüte

Stauben: stäuben

Staubzucker: Puderzucker

Striezel: Zopf

Teigspachtel: Teigschaber

Topfen: Quark

Überkühlen: leicht abkühlen

DIE AUTOREN

ULRIKE HORNBERG

Ulrike Hornberg, geb. in Baden bei Wien. Hornberg ist die unvergessene Grande Dame des Kochens und Backens. Bereits in den 90er Jahren erreichten ihre Kochbücher eine Gesamtauflage von 1,6 Millionen Exemplaren. Hornbergs erfolgreiche *Feinste Weihnachtsbäckerei,* die lange vergriffen war, wird nun in einer Neuausgabe wiederaufgelegt. Zahlreiche weitere Publikationen (u.a.): *Knaurs großes Kochbuch, Österreichische Schmankerlküche, Österreichische Küche.*

PIERRE REBOUL

Pierre Reboul, geb. 1973, hatte Glück, denn als Franzose durfte er im Land der süßen Verführung sein Patissier-Handwerk erlernen. Sein Talent wurde frühzeitig entdeckt und so holten ihn die großen Meister in ihre Backstube. Zwölf Jahre lang arbeitete er in New York für Jean-Georges Vongerichten, Kurt Gutenbrunner und Dan Barber. Dann zog es ihn nach Österreich. Man weiß nicht, ob die Liebe auch im Spiel war, aber fortan sollte er für „Demel" zaubern, bis ihn die Bäckerei Ströck rief. Was ihn überzeugte zu wechseln, war seine neue Mission, die lautet: Köstliche Patisserie für alle!

LITERATUR

Borchers, Elisabeth (Hg.), *Das Weihnachtsbuch,* Frankfurt 1973

Christ, Lena, *Weihnachten beim Kathreinl,* in: Marianne Bernhard, *Gnadenbringende Weihnachtszeit,* München 1972[4]

Goepfert, Günter (Hg.), *Alpenländische Weihnacht,* München 1970

Rilke, Rainer Maria, *Winter,* Berlin 2012

Thoma, Ludwig, *Erinnerungen,* in: *Lausbubengeschichten und andere Erzählungen,* München 1978

Bibliografische Information der Deutschen Nationalbibliothek
Die Deutsche Nationalbibliothek verzeichnet diese Publikation in der Deutschen Nationalbibliografie;
detaillierte bibliografische Daten sind im Internet über http://dnb.d-nb.de abrufbar.

1. Auflage

Gesamtkonzept und Rezepte: Ulrike Hornberg
Neue Rezepte: Pierre Reboul
Grafische Gestaltung: Peter Manfredini
Fotografie und Foodstyling: Rita Newman
Bildnachweis: Harald Eisenberger (S. 6);
    Gettyimages (Jamie Grill S. 4, Michael Hitoshi S. 40, Ingram Publishing S. 250);
    Stockfood (June Tuesday S. 13; Martina Schindler S. 14, 23, 43, 46; Great Stock! S. 19;
    Rua Castilho S. 20; Eising Studio S. 26-27; Foodcollection S. 32-33)
Lektorat: Else Rieger
Kalligrafie: Klara Simhirt
Herstellung: grapple_printproduction
Schrift: Bodoni Old Face, Gotham

Wir danken der Firma Ströck für die Unterstützung.

Copyright © 2013 by Christian Brandstätter Verlag, Wien

Alle Rechte, auch die des auszugsweisen Abdrucks oder der Reproduktion einer Abbildung,
sind vorbehalten. Das Werk einschließlich aller seiner Teile ist urheberrechtlich geschützt.
Jede Verwertung ohne Zustimmung des Verlages ist unzulässig. Dies gilt insbesondere für
Vervielfältigungen, Übersetzungen, Mikroverfilmungen und die Einspeicherung und Verarbeitung
in elektronischen Systemen.

ISBN 978-3-85033-749-6

Christian Brandstätter Verlag
GmbH & Co KG
A-1080 Wien, Wickenburggasse 26
Telefon (+43-1) 512 15 43-0
Telefax (+43-1) 512 15 43-231
E-Mail: info@cbv.at
www.cbv.at

Designed and printed in the EU